호텔리어 로랑의 시선

호텔리어 로랑의 시선

구유회 지음

호텔은 더욱 기품 있게 사업을 진행하고자 하는 비즈니스맨과
일상의 스트레스에 시달린 마음을 치유하려는 사람들에게
'꿈의 장소'가 되어야 한다.

안나푸르나

머리말

내게 있어 개인 '구유회'와 호텔리어 '로랑'의 삶은 어떤 의미에선 분명하게 구분되어 있다.

개인으로 쉬는 날이면 회사에서 온 전화가 아니면 받지 않고, 누구와도 약속을 잡지 않는 편이다. 음악을 좋아하지만 쉬는 날만은 침묵이 절실하다. 일부러는 아니지만 가족이 있는 본가에 자주 가는 편도 아니다. 아무리 좋게 봐주려 해도 불효자가 분명하다.

호텔리어 로랑은 누구의 인사나 부름을 무시하거나 거절한 적이 없다. 급한 일로 정신없이 뛰어다녀도 미소를 잃지 않고(누군지 모른다 하더라도) 만나는 이들에게 반갑게 인사한다. 모두 호텔을 방문한 '고객', 즉 나를 필요로 하는 '손님'이기 때문이다.

이 책을 쓰기로 마음먹기 전 이 두 모습 중 진짜 나는 누구일까 생각해봤다. 그런 의문을 마음 한편에 두고 지나간 일을 돌이켜봤다. 지나간 일들은 모두 추억인가? 당시에는 별다른 의미가 없다고 생각했던 일들도 자꾸만 마음에 밟히고 또렷하게 기억이 났다. 하지만 모든 것을 다 책에 담을 수는 없었다. 약간 마음이 아팠던 것은 개인으로서 내 삶의 기억들이 그리 많지 않았다는 점이다. 그리고 그것들은 모두 변방에 있었다.

    나의 과거를 문자로 적어나가면서 '어떤 모습이 나일까'라는 의문은 앞날들을 어떻게 살아야 하는가에 대한 걱정과 기대로 변했다. 나는 글을 쓰면서 생겨난 그런 변화에 감사한다. 변변한 글재주가 없는 내가 이 책을 쓰기로 한 것은 내 인생이 '이제까지'가 아니라 '이제부터'라는 생각이 들었기 때문이다.

호텔은 보다 기품 있게 사업을 진행하고자 하는 비즈니스맨과 일상의 스트레스에 지친 마음을 힐링하고자 하는 사람들에게 '꿈'의 장소가 되어야 한다. 호텔은 그러한 사람들의 각각의 요구에 의미를 찾아줘 탁월한 만족을 제공해야 하는 곳이다. 서비스의 수준은 곧 그들의 꿈을 현실로 실현하느냐 마느냐를 결정짓는 중대한 요소가 된다. 호텔리어의 세계에는 아마추어가 없다.

인턴이라고 봐줄 수 없는 이유가 바로 여기에 있다. 24시간 생방송 무대와 같이 돌아가는 호텔이라는 공간에서 리허설은 존재하지 않는다. 호텔리어의 삶이 남과 다른 대목도 바로 이 부분이다.

인생이 평탄하다면 결코 흥미로울 수 없다. 이런저런 일을 겪고 부대끼는 속에서 기쁨도 있고 슬픔도 있는 것이지, 모든 것들이 갖추어져 있는 지루함과 안락함 속에서는 즐거움과 행복도, 슬픔도 반쪽인 셈이다. 책을 쓰면서 출판사 분들은 좋은 이야기는 안 좋은 이야기와 공존할 때 더 흥미롭고 빛이 난다고 했다. 이 책을 통해 좋지 않은 과거를 정리하고 지우는 것도 길이라고도 했다. 고민을 했지만 나는 그런 이야기를 책에 쓰지는 않기로 결심했다. 그 때문에 책이 다소 흥미가 떨어지더라도 할 수 없다. 호텔리어는 흐르는 물이 이야기를 새겨놓는 법을 알아야 한다. 잊게 되는 것이 아쉽더라도 체념할 것이며 가슴속에 그 이야기를 묻어두지 않을 것이다.

원고의 마침표를 찍은 지금, 이제까지의 로랑을 지우고 새로운 길을 가고 싶다. 새로운 도전 앞에 아직도 나는 어린아이마냥 수줍다. 자신 없어서가 아니라 그것에 대한 '설렘'이 나를 떨리게 한다. 여러 분야를 자연스럽게 접하다 보니 할 수 없는 것보다 할 수 있는 게 점점 많아지고, 그렇다 보니 어떤 일에 도전해도 자신이 생기고 해보고 싶은 욕망이 꿈틀댄다. 더 화려한 이벤트와 음악, 디테일한 디자인, 테마 파티 크리에이션, 새로운 나만의 여행, 요리와 재료, 그리고 인생 상담까지도 내게 새로운 도전으로 절실하게 다가온다. 어떤 식으로든 나는 늘 도약할 것이고 도전할 것이다.

내 뼛속에 새겨진 '호텔리어'라는 직업은 이제 나에게 너무나 영광스럽고 감사한 것이 되었다. 좋아하는 일을 할 수 있는 값진 인생을 사는 내가 이 자리에 있기까지 마음속 깊이 감사드릴 분들이 있다. 본문에 소개된 분들도 있고, 내 마음 깊이 자리한 또 다른 분들도 있다. 나와의 인연을 가치 있고 소중하게 생각해주는 그들에게 이렇듯 변변찮은 글을 통해서나마 그간 쑥스러

위 표현치 못한 마음을 전하고 싶다.

본문에 소개한 모포드 씨, 총지배인 피터 월쇼, 안성연 전무, 박경선 차장, 신명 대표, 박혜라 대표, 히딩크 감독, 재미난 이기자 하우스메이드, 호텔의 단골손님들, 추천사를 허락해준 장근석 씨, 책에서 소개하지 못했지만 언제나 호텔에 도움을 주시는 윤영미 아나운서, 안선영 씨와 자신의 꿈을 펼치려 날개를 뻗는 수많은 미래의 호텔리어들, 그리고 내 정신적인 지주이신 어머님과 큰누님에게 이 책을 통해 깊은 감사의 마음을 전하고 싶다. 나의 '로랑'이자 '구유회'로서의 삶은 그들에게 그 뿌리를 두고 있으므로….

끝으로 출판사의 첫 책으로 이 책을 기획하고 진행하면서 나를 괴롭히는 데 주저하지 않았던 안나푸르나 김영훈 대표, 끝까지 미숙한 원고를 바로잡아 글의 꼴을 만들어주어 나를 작가로 만들어준 이원숙, 이경연, 정선화 에디터, 화려하지는 않지만 글과 사진을 미려하게 배치해준 이원재 디자이너, 무엇보다 아무 조건 없이 사진을 골라내어주어 책의 품격을 한껏 높여준 김동률 대표, 허선영 편집장에게 감사한 마음을 표한다. 이분들이 없었다면 이 책은 세상의 빛을 보지 못했을 것이다. 미리 밝혀두지만 이분들과 함께 책을 만들었으나 이 글 속에 어떤 잘못이나 문제가 있다면 그것은 순전히 나의 탓이다.

머리말을 쓰니 다시 설레기 시작한다. 로랑의 파티가 이제 시작될 것이다.

차례

머리말   4

도전하는 자의 즐거움

파티가 시작되다   17
디테일에 감성을 담아내는 법   23
교감하는 이곳 클럽의 음악들   29
기억을 선물하는 띠별 동물 인형 시리즈   35
예민한 미각의 힘은 창조적 작업들을 이끈다   41
8개월의 물밑 작업이 만들어낸 J.J. 매거진   47
아이디어를 얻는 방법   53

꿈의 공간, 파티 기획자 로랑

제이제이 마호니 씨는 위대한 개츠비인가   61
미지의 환상 속으로 초대하는 티켓, Airlines Night   69
윤복희의 미니스커트와 핼러윈 파티, 시작은 달걀 맞을 짓   77
영원히 널 살려줄게, 아쿠아 락樂 파티   85
무언가 반짝 떠오르는 순간의 프라이비트 파티   91
1월에 JJ에서 파티가 열리지 않는 이유   97
전국에 클럽을 알린 뜻밖의 사건   103

로랑, WHO AM I ?

나의 인턴 시절 그리고 노 프라이비트 라이프	111
두 번의 만남, 호텔과 사랑에 빠진 날	117
나의 보타이들	123
그래도 가끔은 다른 인생을 꿈꾼다	129
나의 뮤즈 모닝과 캄	135

당신이 그 호텔리어 입니까?

호텔리어, 무대 위의 배우들	143
거울 앞에서	149
손님과의 인연은 오픈 마인드에서 시작된다	153
아무튼 그에게 가보게	157
호텔리어 인생의 밑천은 기회와 경험	163
칭송 레터 뒤의 호텔 직원들	169

로랑의 사람들

타임리스의 아름다움
_ 건축가 존 모포드   175

함께하고 싶은 사람, 닮고 싶은 사람
_ 호텔 경영자 피터 월쇼   181

여러모로 나의 멘토
_ 그랜드 하얏트 서울 전무 안성연   187

자극하고 보듬어주는 멋진 나의 동료
_ 박경선 차장   193

존재만으로도 든든한 나의 파트너
_ 홍보대행사 '커뮤니크' 신명 대표   197

인연은 이렇게도 온다
_ 주얼리 브랜드 'H.R' 박혜라 대표   201

먼저 찾아주는 사람
_ 축구 감독 거스 히딩크와 파트너 엘리자베스   205

자기 프레임 밖 세상에서 살다
_ 하우스 메이드 그녀, 이기자   211

편안함에 위로받는 심야식당처럼   215

미래의 호텔리어에게

앞으로의 나의 도전	223
이곳 클럽의 시간은 인연과 거꾸로 가지 않는다	227
로맨틱한 라이프 스타일을 제공하리라는 나의 꿈	233
일이 전부가 아니다	239
소수의 사람을 의미 있게 만나는 방법	247
호텔리어를 꿈꾸는 후배들에게	253

JJ 마호니스 100배 즐기는 법	257
JJ 마호니스 25주년을 축하하며	260

도전하는 자의
즐거움

10:00
남산 아래, 남쪽으로 드넓은 시계가 확 트인 나의 직장.
만만치 않은 하루가 또 시작된다. 나의 호텔 생활이 그랬듯이.

저녁이다. 누군가를 기다린다.
테이블은 채워질 것이며 호텔리어의 발걸음은 바빠질 것이다.

파티가 시작되다

노는 것은 혼자서도 할 수 있다. 그러다가 심심해지면 다른 사람들을 찾게 된다. 한 사람 두 사람 모이다 보면 여러 명이 되고 수십 명이 된다. 이때부터는 준비를 해야 한다. 무턱대고 노는 것이 아니라 같은 공간에서 천 명까지 함께할 수 있을 준비를.

공간은 준비되어 있고 진행 요원은 갖추어져 있으니 이제 구성을 해본다.

우선은 최대한의 흥미를 위한 파티의 콘셉트를 잡아야 한다. 딱딱한 분위기에서 펜대를 굴리며 사무적인 회의를 할 필요는 없다. 캘린더 하나를 놓고도 콘셉트가 저절로 나오기도 한다. 봄·여름·가을·겨울의 계절적인 구분을 해도 좋겠고, 크리스마스·핼러윈·밸런타인데이를 기념해도 좋다.

이런 무언가가 없다면 스토리를 만들어볼 수도 있다. 감명 깊게 보았던 영화나 음악을 떠올리든가, 아니면 동물을 캐릭터화하여 등장시키거나 승무원이 되어도 보고 스타가 되어도 보면서 이루어지는 상상들을 조합해도 좋다. 영화감독이나 드라마의 PD가 되어 판을 짜본다.

항공사의 밤, 스타의 밤, 밸런타인 파티, 탱고의 밤, 핼러윈 파티, 테크노 파티, 크리스마스와 송년 파티 등 매번 독특한 주제로 열리는 테마 파티는 이렇게 콘셉트를 잡았고, 기획력과 연출력을 인정받았다. 이런 구상은 한때 경쟁을 벌였던 특급 호텔의 나이트클럽을 업종 변경 내지는 문을 닫게 했다.

파티 기획은 때론 즉흥적이기도 하지만, 대부분은 많은 시간을 두고 준비해간다. 예를 들어 6월의 파티는 '아쿠아 풀 파티'인데 시안을 연초부터 계획한다. 이렇게 해야 준비 과정에 시간을 많이 할애할 수 있어 그만큼 시행착오가 적고, 로열 고객들에게 감동을 선사할 수 있다.

어느 해 스프링 파티는 스위스 밤거리에서 찍은 단 한 장의 사진에서 시작되었다. 봄의 파티를 기획하던 중 올리브그린 컬러에 새끼줄로 엮은 레몬을 주렁주렁 걸어놓은 쇼윈도 사진을 보고, 이에 영감을 받아 파티에 자그마치 2만여 개의 레몬을 옮겨 왔다. 당시 레몬이 귀했음에도 이 연출은 효과가 있을 것이란 자신감에 그날 서울의 모든 레몬이 동이 났을 터였다.

레몬들을 어떻게 배치할까 고심하다 기둥에 못을 박아 수많은 레몬을 꽂고, 생잔디를 가져다 테이블과 바닥을 장식했다. 그런데 못에 박힌 레몬들이 상처에 곧 썩어버리고 말았다.

좋은 아이디어에 시간과 정성을 많이 들여 파티를 기획해도 생각 밖의 오류를 범할 수 있다. 하지만 결과는 다를 수 있다. 파티 자체는 성황이었던 것이다. 이런 때에는 요행의 결과가 '운이었구나' 생각하며 감사하고, 다시 한 번 결과에 상관없이 실수의 요인을 분석한다.

잘못된 기획이 파티의 성공을 만들 수도 있지만, 잘된 기획은 실패라는 결과 없이 파티의 역사에까지 기록될 수 있다. 운이 좋아 잘 모르는 사람들에게 은근슬쩍 넘어가지는 식으로 일하는 것은 의미가 없을뿐더러 발전도 없다.

많은 사람들이 한데 어울리고 놀기 위해서는 프로모터의 역할을 하는 사람이 있어야 한다. 즐길 줄 아는 사람을 섭외해야 하는 것이다.

근 10년간 크리스마스 파티 진행을 무료로 맡아준 고마운 사람이 있다. 지금까지 친분을 이어오고 있는 개그우먼 김미화 씨이다. 첫 인연은 뚜렷하게 기억나지 않지만, 당시 크리스마스 진행을 누구에게 맡겨야 할지 고민하던 차에 선뜻 자신이 진행을 맡겠다고 하여 인연이 시작되었다. 그는 방송이 두세 개 잡힌 날에도 한결같이 크리스마스 진행을 맡아주었고, 그 진행은 2000년까지 이어졌다.

지금은 바통을 이어 고마운 친구 안선영 씨가 크리스마스 파티 진행을 책임지고 있다. 호텔 전체의 파티로 송년회가 있는데, 연말에 이루어지다 보니 카운트다운 진행이 필요하다. 그 일은 윤영미 아나운서가 맡고 있다. 파티 기획에서 빠질 수 없는 파티 진행. 그 일을 해주는 그들은 참 고마운 사람들이다.

이 책이 나올 즈음에는 이곳 클럽의 개관 25주년 파티가 있다.

'1500만 번째 손님은 과연 누가 될까?'

'어떤 이벤트로 손님들과 이 기쁨을 함께할까?'

이런저런 생각들로 머릿속은 바쁘고 즐겁다. 성대하게 열릴 이 파티에 대한 기획은 이미 작년 10월부터 시작되었다. 아직은 베일에 감추고 드러내 보이지 않고 있지만, 그동안의 경험을 바탕으로 값진 파티를 만들어내고자 오늘도 준비 작업에 대한 기획 회의로 유쾌한 질주의 밤을 보내고 있다.

잘 꾸며진 테이블 세팅은 아무 소용없다.
누군가가 오지 않는다면.

머릿속에서 완벽하게 그려지지 않는다면, 어떤 경우에도 실제로 보여지기 어렵다.
디테일은 보이는 것이 아니라, 생각하는 것이다.

디테일에 감성을 담아내는 법

초록색 카펫 위에 가느다란 철근으로 만든 둥근 아치 모양의 게이트가 있고, 그 주변에는 온통 벚꽃이 우거져 있다. 파스텔 그린 페인트가 붓 자국을 내며 발린 꽃마차 안에 영국장미가 고급스러움으로 자태를 뽐내고, 일본 오사카의 고즈넉한 골목길처럼 빨간 자전거 한 대가 스러지듯이 그 옆에 세워져 있다. 벚꽃 사이사이로 매화꽃 봉오리가 고개를 내밀어 분홍의 깊이를 살린다.

1년에 단 이틀 동안 하는 페스티벌. 사계절 중 가장 색이 예쁜 봄을 담아내는 축제. 그리고 여자들의 가슴을 소근소근 설레게 하는 셀렉트^{select}. 바로 '체리 블로섬 페스티벌$^{Charry\ Blossom\ Festival}$'이다.

하얀 울타리 담장 너머에 펼쳐진 봄의 성, 꽃구름 간판으로 시선을 잡는다. 거절할 수 없는 짜릿한 유혹. 안으로 들어서면 조명을 받아 형광빛으로 물든 벚꽃들이 만발해 있다. 여의도의 윤중로가 아니어도 'JJ 마호니스에서'라는 칵테일 한잔과 함께 누군가는 이 봄에 있던 파티를 기억 속에 넣을 것이다.
　나는 파티의 모든 디테일에 감성을 불어넣는다. 디스플레이는 사실 부수적인 것이다.

유럽에서는 오래된 건물들이 멋있고 좋은 건물이라는 대접을 받는다. 세월이 흘러도 쉽게 변하지 않는 인테리어는 가치가 있고 오래가지만, 그 내면에 감성이 묻어 있지 않다면 사람들은 곧 식상해할 것이다.
　유럽의 오래된 건물을 보러 1년에 한 번씩 같은 곳을 들를 사람은 아마 없을 것이다. 누군가가 그러하다면 그것은 건물을 보고 감탄하기 위한 것이 아니라, 추억이 서려 있거나 누군가와 교감하고 싶기 때문이다. 이것이 바로 감성을 디테일에 담아야 하는 이유이다.

나는 항상 이 부분을 고려한다. 그래서 누구보다 쉽게 변하지 않는 인테리어를 좋아하고 가능한 한 생화 장식을 쓴다는 원칙을 지키려 하지만, 필요에 따라서 조화를 쓰기도 하고 허브 향을 뿌리기도 한다. 생화가 보일 수밖에 없는 모순들을 굳이 드러내 즐거워야 하는 손님들의 눈살을 찌푸리게 할 이유는 없는 것이다.

"연분홍 조화에 어울리는 테이블 크로스는 '코발트스파클링'으로 하면 어떻겠는가.'

88년 신입 직원을 채용할 때 이런 신문광고를 낸 적이 있다. 테이블 매트만큼 커다란 하얀 접시를 우드로 된 숏 테이블 위에 놓고, 접시 위에 트럼펫을 올린 사진을 함께 실었다. 광고 카피는 이러했다.

"저희와 함께 연주할 수 있는 연주자를 모집합니다. 같이 연주할 수 있는 직원을 채용합니다."

어떤 일을 할 직원을 뽑는지 알 수 없는 이 사진 한 장에 엄청나게 많은 사람들이 몰려왔다. 모두들 설명은 됐으니 제발 자기를 뽑아달라고 말이다.
　이런 디테일을 가진 사람이라야 이곳의 멋진 파트너로 곳곳을 디스플레이해갈 수 있는 것이다. 접시 위 트럼펫을 읽어내지 못하는 사람이 어떻게 호텔과 하나가 될 수 있으며, 손님들에게 감성 서비스를 할 수 있겠는가. 결국 그들이 지금 호텔을 만들고, 클럽의 디테일에 영감을 주며, 멋진 디스플레이를 하고 있는 것이다.

그저 우린 뒤에 나오는 존 모포드 씨가 만든 골격에 보드라운 살만을 더해가면 되는 것이다.

도전하는
자의
즐거움

욕구는 채워지지만 욕망은 채워지지 않는다.
풍선은 채워지지만 사람들의 마음은 채워지지 않는다.
그래서 우리는 계속 더 노력한다.

제 아무리 뛰어난 밴드도 시간이 지나면 사라진다.
제 아무리 뛰어난 호텔리어도 또한 그렇게 사라질 것이다.

교감하는
이곳 클럽의 음악들

장면 하나. 외국의 어떤 쇼핑몰에 들렀다가 음악이 좋아 인포메이션 데스크를 찾아 물어봤다. 장면 둘. 백화점에서 DJ가 라이브로 콤팩트 에디팅^{compact editing}을 해서 음악을 틀어준다.

'그래, 하우스뮤직 파티야!'
음반을 사 DJ에게 주면서 말했다.

"어떤 반응이 나오는지 한번 보자고."

DJ는 이상하단다. 그래도 계속 해보라고 압력을 넣었다.

"자네는 외국에 제대로 나가본 적이 한 번도 없잖아. 직접 가서 한 체험과 클럽에서 들은 음악 그리고 인터넷에서 얻는 정보는 다를 수 있어. 사람들이 뭘 어떻게 하는지도 봐야…"

그러고 나서 5년 남짓 지났다. 하우스뮤직을 14년 전 처음 국내에 선보이기 시작한 이후 지금도 힙합·팝 등 다양한 음악과 함께 하우스뮤직을 즐겨 들려준다.

 2000년대 호텔 클럽 중 처음으로 홍보를 하며 하우스뮤직을 들려주었다. 1990년대 하우스뮤직을 가요에 접목시킨 사람은 있었으나 클럽에서 유행을 만들어낸 사람으로는 최초였고 가장 많은 영향을 미쳤다. '집에서 만든 음악'이란 뜻의 하우스뮤직은 기존 음원들을 믹싱하거나 연주를 더해 자신만의 새로운 음악을 완성하는 것이다.

이곳 클럽의 음악은 오픈 때는 재즈 바 개념의 것이었고, 그다지 저변 확대는 되지 않았다. 그러다가 1992년부터 팝 음악으로 바뀌었다.

 팝의 장르에서 우리나라 가요인 힙합이 뜬 적이 있었다. 그때 나는 DJ와 자주 부딪쳤다. 내가 자리에 없으면 그는 힙합을 틀었다. 손님이 좋아한다는 이유로 열 곡 중 두 곡은 힙합이었는데, 내가 듣기에는 하루 종일 힙합만 나오는 것 같았다.

 내가 힙합을 꺼렸던 이유를 들자면, 흑인들에게서 유래한 힙합은 불량배의 느낌을 준다. 힙합의 유래를 정확히 알지는 못하

도전하는
자의
즐거움

지만 나와는 느낌상 맞지가 않다. 마돈나 댄스음악 가수들이 공연하는 것을 리메이크해 템포를 빨리 해서 댄스 플로어에 틀어주는 편이 더 낫다.

어떤 손님들은 힙합을 안 튼다고 컴플레인하기도 했지만 모두를 만족시킬 순 없는 것이다.

재즈만을 고집하다 보니 우리나라 마니아층이 빈약한 것을 알게 되었다. 늘 반복되는 일상에다 업무 스트레스까지 받는 손님이라면 익숙한 음악이 나와야 편안한 기분을 느낄 수 있을 것이다. 누가 들어도 흥겨운 노래를 찾는 손님들의 스타일, 즉 기본 베이스는 변하지 않는다. 그리고 손님들과의 교감이 어느 정도 있어야 한다.

예전에는 지금처럼 밴드 섭외를 하지 않았다. 아직도 군데군데 무성영화 사진들이 있는데, 이것은 내 취향을 반영하여 '딕시랜드 재즈 바'라는 느낌을 조금이나마 주기 위한 것들이다. 딕시랜드 재즈는 1990년대 초부터 마니아가 있었지만 소수였다. 나는 좋은데 객관적으로 너무 지루하다.

1992년부터 외국 에이전시에서 밴드를 제안하면서 호텔에 어울리는 공연 영상이 담긴 비디오테이프를 보내온다. 항공우편으로 온 비디오테이프를 보고 호텔에 어울리는 밴드를 고르는 것이 내 일이었다. 지금은 이런저런 번거로움 없이 유튜브를 보고 캐스팅하고 있다.

처음에는 재즈 밴드를 섭외하려고 했었다. 그 당시에도 이태원 'All That Jazz'가 엄청난 인기를 얻고 있었다. 그런데 재즈를 좋아하는 사람들은 생각보다 술을 많이 좋아하지는 않는다. 감성을 즐기고 빠지나 다이내믹하진 않은 것이다.

팝 음악도 좋아한다. 어찌 보면 젊은 취향이다. 팝 음악을 들으면 신이 나고 적극적으로 일을 하게 되는 듯하다. 클럽 오픈 때 박혜라 씨가 팝 음악을 주었고, 마돈나의 음악이 히트할 때에는 리메이크를 해서 틀기도 했다.

진짜 밴드들의 공연을 연출하는 건 댄스 플로어에서 기계음을 내어 음반을 트는 것과는 다른 기분을 느끼게 한다. 진짜 밴드들의 공연은 '퍼스널 파티'이기 때문이다.

퍼스널 파티는 선점이다. 예컨대 유명 디자이너들을 봐라. '올해 패션이 뭐다' 얘기하고 그해 패션을 선점한다. 추측이지만, 뜨면 성공하는 것이다.

이곳 음악에 대한 반응을 보고 싶다면 목, 금, 토요일을 공략하는 게 좋다. 그러면 이곳을 찾는 사람들과 음악이 교감이 이루어지는지 아닌지 알 수 있다.

대다수 사람들의 공통점은 정서적으로 싫지 않은 음악을 원한다. 치우치지 않으면 되는 것이다.

'그래 이거야. 여기는 힙합이 아니야.'

그럼에도 나 개인적인 취향을 말하라면, 당연히 서정적인 음악이다.

호텔을 기억하면서 이 인형을 기억해준다면 참 기쁠 것이다.
그 기쁨은 고객과 내가 함께 나눌 수 있는 행복이다.
부디 그러길 바란다.

기억을 선물하는
띠별 동물 인형 시리즈

맥도날드의 해피밀 장난감은 오래간다.

해피밀 세트를 먹은 기억보다 더.

어릴 적 다들 한번쯤은 빵에 든 스티커를 모으려고 빵을 산 기억이 있진 않은가? 혹은 장난감을 받으려고 맥도날드에서 해피밀 세트를 시켜본 적이 있지 않나?

책받침에 스티커를 붙여 수집하거나 장난감 한 세트를 만들기 위해 돈을 모았던 적이 있다면, 그런 기억을 떠올리는 것만으로도 미소가 지어질지 모르겠다. 맥도날드 해피밀 세트를 언제 먹었는지는 기억나지 않아도. 그 장난감은 지금도 책상 한쪽에 가지런히 놓여 있을 수도 있고.

클럽의 마스코트인 '띠별 동물 인형'도 그렇다. 쥐, 토끼, 용,

강아지 등 JJ 이니셜이 박힌 각양각색의 인형들, 클럽 입구 한쪽 벽면 유리 장에 옹기종기 모여 있는 이 동물 인형들은, 별도로 구입할 수도 있지만 주로 파티에 참석하는 손님에게 주는 선물로 유명하다.

손님들에게 다른 것도 아니고 왜 인형을 선물하느냐고 물으면 이유는 간단하다. 인형은 기억보다 더 오래가니까.

   굳이 맥도날드 장난감의 예를 들지 않더라도 손님들에게 오래오래 사랑받는 브랜드에 그런 게 한두 개쯤은 있어야 하지 않을까? 왜냐하면 사람은 망각하는 동물이기 때문이다.

   어떤 손님이 이곳을 찾았다고 치자. 음식이 맛있고 칵테일이 시원하고 음악이 좋았어도 몇 시간이 지나거나 자고 일어나면 모든 인상이 흐릿해지게 된다. 그렇지만 두고두고 오래도록 볼 수 있는 마스코트가 있다면 문득 다시 그때의 추억을 떠올릴 수도 있을 테고, 또 언젠가 그리워져 이곳을 다시 찾을 수도 있는 것이다.

   물론, 처음부터 그런 선견지명으로 인형을 만든 건 아니다. 실은 동물 인형을 콘셉트로 하여 마스코트를 만들게 된 좀 더 구체적인 계기가 있다. 바로 해외 출장을 나갈 때마다 동물 인형 선물을 사달라고 조르는 조카들 때문이었다.

   1990년대 초중반 즈음인가. 해외에 다녀올 때 어떤 선물을

도전하는
자의
즐거움

받고 싶은지 조카들에게 물을 때마다 어찌나 하나같이 인형을 사달라고 조르는지. 게다가 가격도 결코 싸지 않았다.

그렇게 하나씩 사다 준 인형의 라벨을 언젠가 우연히 보게 되었는데, 대부분 '메이드 인 코리아'라는 걸 알고 깜짝 놀랐었다.

'한국산 인형을 외국에서 선물로 사게 할 바에, 차라리 한국에서 인형을 만들어 손님들에게 선물하면 어떨까?'

이것이 시작이었다. 처음엔 기존 인형에 이니셜만 박아 만들면 되겠지 하고 가볍게 생각했다가, 판권 문제 때문에 디자인부터 다시 해야 했다. 트레이싱 페이퍼를 사다 인형 디자인 스케치를 해야 했던 우여곡절이 지금도 생각난다. 컬러를 입혀보는 재미에 빠지기도 했는데, 같은 모양의 테디 베어가 색을 달리하거나 다른 옷을 입힐 때마다 포근해지거나 차갑게 보이는 등 느낌이 달라지는 걸 보면서 신이 났었다.

이 인형 시리즈는 어쩌면 이곳의 파티보다 더 손님들에게 사랑받고 있는지도 모르겠다. 처음엔 파티 선물로만 주려고 했던 것이, 손님들의 요청으로 별도 판매까지 하게 되었다. 맥도날드 해피밀 세트처럼 칵테일을 마시면 인형을 받는 '토이 칵테일' 메뉴에 포함되어 인기리에 판매되기도 했다. 지금도 연말 파티쯤 되면 손님들이 먼저 묻곤 한다.

"이제 다음 해 인형이 출시될 때가 되지 않았나요?"

귀띔하자면 매년 파티에 그해의 띠별 인형을 손님들에게 선물로 주고 있는데, 별도 판매를 포함해 가장 인기 있는 것은 나의 반려견 '모닝'을 모델로 한 복슬복슬한 개띠 인형과 미니 키홀더이다. 이제는 클럽 손님들뿐만 아니라 호텔의 손님들까지도 이 인형들을 찾곤 한다.

    무엇보다 기쁜 것은 호텔의 외국인 손님들이 예전에 내가 조카를 위해 그러했듯, 고국의 자녀들에게 선물을 하려 이 인형들을 산다는 점이다. 한국에서 만든 외국의 인형이 아닌, 한국에서 만든 한국의 인형이 이런 식으로 외국으로 수출된다는 것. 기분이 무척이나 다이내믹해진다.

    연말에 크리스마스를 가족과 보내기 위해 떠나는 외국인 손님들 손에 인형이 몇 개씩 들려 있을 때 문득 이런 생각을 하곤 한다.

    '조카들에게 선물해준 인형으로 아이들이 내가 갔던 곳들을 동경하고 신기해했듯, 어떤 아이는 이 인형으로 한국을 어렴풋이 알고 기억하겠지.'

테마 파티에서 가장 중요한 건 스타일이다.
최고의 고객은 최고가 아니면 감동하지 않는다.

최선을 다했는가?
다시 확인했는가?
또 확인했는가?

예민한 미각의 힘은
창조적 작업들을 이끈다

어릴 적 엄마의 밥에 대한 추억은 잊히지 않는다. 그 어린 추억의 저편에 비밀처럼 감추어져 있다가, 아프다 겨우 식욕이 생기거나 밖에서 먹는 식사가 슬슬 지겹다는 생각이 들 때 시나브로 기억 밖으로 나타나 내 미각의 뇌를 자극한다.

실제로 태어나 열 살까지 경험한 맛의 축적으로 평생의 입맛과 미각이 결정된다고 한다. 개구쟁이였던 나는 입맛 또한 평범했을 리 없다.

나는 자주 요리를 한다. 이번에는 불린 미역을 채에 건져놓고, 미역 드레싱을 만들어본다. 고추냉이, 식초, 맛술, 간장, 물, 세서미오일…. 여기에 참깨를 조금 갈아서 넣어도 좋겠다.

건져놓은 미역에 드레싱을 마리네이드해 샐러드처럼 즐겨도 환상적이다. 또는 이것을 토스팅한 샌드위치 식빵에 양상추, 토마토, 어니언을 올리고 그 위에 미역을 올린 후 샌드위치를 해 먹어본다. 내가 개발한 것이지만 괜찮다. 요즘 각광받는 베지테리언의 한 끼 식사 대용 메뉴로도 훌륭하지 않은가.

가끔 간식이나 안주로 간단하게 된장과 마요네즈를 섞어 길게 자른 샐러리에 토핑해서 먹는데, 맛이 프레시하며 기가 막히다.

내가 관심 있는 일들은 자연스레 다가오는 것인지, 어느 날 약 3개월간 하얏트 홍콩과 도쿄 레스토랑에서 일할 기회가 주어졌다. 호텔 경영진이 레스토랑 운영의 견문을 넓히도록 해준 것이다. 그리고 그다음 해에는 호텔의 레스토랑 '파리스그릴'을 맡게 되었다.

1994년 9월 1일 오픈한 파리스그릴은 당시 혁신적인 곳이었다. 그 시기 '휴고' 등 정통 프렌치 레스토랑이 몇 군데 있었으나 상당히 비효율적이고 비합리적인 면이 많았다. 예를 들어 고기를 테이블에서 직접 잘라주거나 고객 앞에서 프람베를 했다. 반면 파리스그릴은 캐주얼한 유러피언 레스토랑을 표방하며 2000년대 들어서야 발전했던 오픈 키친과 키친 카운터, 디저트 뷔페를 만들어 많은 인기를 얻었다.

클럽과 달리 파리스그릴은 내게 새로운 도전이었다. 당시 고급 레스토랑에서도 서비스 직원들을 제대로 교육시켜 내보내는 예가 없었고, 오픈 키친이다 보니 주방 직원과 손님, 서비스 직원들을 모두 관리해야 했다.

그때는 힘들었지만, 내게 호텔리어로 롱런할 수 있는 발판과 자신감을 마련해준 기회였다. 같은 일을 계속하다 보면 매너리즘에 빠질 수 있다. 그러다가 전혀 다른 새로운 일에 도전을 하면 초인적인 힘이 나오기도 하는데, 이것의 원천 중 하나가 어릴 적 예민하던 내 입맛과 누나, 매형과 함께 호텔 레스토랑에서 다양한 음식을 경험했던 '미각의 힘'이다.

근래엔 신선한 채소를 즐기다 보니 수경 재배에도 관심이 많다. 농업을 하고 있다면, 11월부터 3월까지는 추운 겨울이고 하니 그 시기에는 쌀로 승부할 것이 아니라 수경 재배를 해보면 어떨까? 물에서 키우는 청정한 채소 재배는 내가 꿈꾸는 일이기도 하다. 사철 물만 있으면 잘 자라고 공해도 없으니 믿을 수 있다.

훗날 기회가 생긴다면 이런 신선한 채소를 베이스로 타코에 구아카몰레를 곁들인 음식을 내어보고 싶다. 간단하면서도 모든 사람들이 좋아하고 부담스럽지 않으며 좋은 재료이니 신뢰를 얻을 수 있을 것 같다.

음식에 관심이 많다 보니 인상적인 테이블 세팅이 있으면 눈여겨보는 편인데, 식전 빵을 차돌 위에 올려놓았던 어떤 레스토랑의 멋진 연출이 생각난다. 회색빛 차돌을 달구어 그 위에 직접 구운 듯해 보이는 따뜻한 빵을 올리니, 빵이 더 맛있어 보이고 차돌 때문에 금방 식지도 않아 일석이조였다.

아이디어가 반영된 새로운 요리를 제공하는 레스토랑의 음식이라면 어떤 것이든 좋다. 그리고 이런 멋진 음식들을 즐길 수 있는 미각이야말로, 내가 하고 있는 모든 일에 창조적 힘을 준다.

도전하는
자의
즐거움

상상을 구현하면 아트가 된다.
상상을 상상만 하면 그건 그냥 상상일 뿐이다.

종이에 찍힌 잉크일 뿐이지만,
그 속에는 여러 사람들의 영혼이 흠뻑 젖어 있다.

8개월의 물밑 작업이 만들어낸
J. J. 매거진

아이디어를 내놓는 순간 전폭적인 지지를 받는다면 얼마나 좋을까. 누구나 알다시피 모든 아이디어가 환영받을 수 있는 건 아니다. 특히 불황인 시기에 직접적인 수익도 안 나는데다 주변 사람들이 일을 벌이는 것을 귀찮아한다면, 아이디어를 들이밀기 전부터 눈앞이 캄캄해질 것이다. 그래도 좋은 아이디어면 밀어붙여야지 어쩌겠는가.

만약 당신이 아이디어를 밀어붙이기로 결심했다면, 아이디어를 보여주기 전에 미리 물밑 작업을 해두는 게 좋다. 좋은 방법은 다른 사람에게 도움을 받아 반대할 만한 리스크를 최소화하는 것이다. 아이디어를 한눈에 볼 수 있는 샘플러를 제작하는 것도 좋다. 백문이 불여일견이란 속담은 괜히 나온 말이 아니다.

호텔 멤버십 매거진인 《J. J. Magazine》이 그랬다.

1999년 11월에 창간되어 올해로 열네 해를 맞고 있는 이 매거진은 호텔 소식뿐 아니라 호텔 손님들이 관심을 가질 만한 패션, 디자인, 명사 인터뷰 등등을 담은 130페이지가량의 라이프 스타일 잡지다. 지금은 하얏트 상하이에서 이 매거진을 모티프로 한 《인 터치In Touch》라는 멤버십 매거진이 생기기도 하고 서울의 서점과 병원, 카페 등에도 비치되는 상품이 되었지만, 만약 창간을 위한 8개월간의 소리 없는 물밑 작업이 없었다면 세상에 나오지 못했을 것이다.

항공사에서 발행하는 매거진에서 모티프를 얻었냐고 묻는 사람들도 있지만, 사실 매거진에 대한 아이디어는 파티 때마다 제작하던 브로슈어에서 나왔다. 파티와 행사는 달마다 열리고 그때마다 브로슈어를 몇 부씩 만들고 버리고를 반복하는데, 점점 그 비용과 종이가 아까워지기 시작한 것이다.

　차라리 브로슈어에 담을 내용을 한 번에 묶는 건 어떨까 생각하다 보니, 고객에게 전달할 내용만 넣는 게 아니라 고객이 읽을 만한 내용을 함께 추가해도 좋을 것 같았다. 매달 호텔 소식과 라이프 스타일 정보를 모아 잡지로 만들어 호텔 멤버십 손님들에게 발송하고 또 클럽을 비롯한 식음료업장에 놓아두면, 손님들이 집에서 혹은 로비 라운지에서 친구를 기다리면서 또는 숙소에 묵으면서도 볼 수 있지 않을까 하는 생각도 들었다.

도전하는
자의
즐거움

아이디어까지는 좋았는데 막상 만들려니 걸리는 게 한두 가지가 아니었다. 인건비, 제작비, 발송에 드는 우표값, 편지봉투값…. 때는 1999년 IMF 시기였는데, 몇 부 안 되는 매거진을 발송하는 데만 해도 예상 비용이 7~800만 원이 들었다. 매거진을 만들기 위해 사람을 뽑아야 할지부터 광고는 어떻게 따내야 할지까지 갖가지 문제도 있었다. 게다가 아이디어를 호텔 내부 사람들이 이해해줄지도 미지수였다. 시간 낭비, 돈 낭비라고 생각하는 사람들을 설득해야 하는 문제도 있었다.

 이런저런 문제를 곰곰이 생각하다 일단 도와줄 사람부터 찾아보기로 했다. 우선 매거진을 만들 수 있는 사람부터 찾았다. 지금의 매거진 편집장 겸 발행인인 허선영 편집장을 만나 이에 관한 이야기를 했다. 자세한 내용은 이랬다. 호텔에서 광고와 비용을 지원해줄 순 없다. 다만 매번 라이프 스타일에 관한 토픽과 콘텐츠를 제공해줄 수 있고, 호텔의 멤버십 손님들에게 발송되는 매거진이니 그에 맞는 광고를 따낼 수 있을 것 같다는 이야기였다. 다행히 허선영 편집장은 같이 일하고 싶다는 뜻을 밝혀 왔다.

 그때부터 8개월 동안 남들 모르게 매거진 샘플러를 제작하는 기나긴 작업이 시작되었다. 당시 홍보부 팀장이고 동료이며 지금은 국내 최고의 홍보 대행사를 운영하는 신명 씨까지 끌어들여 이 매거진을 어떻게 만들고 홍보할지 머리를 맞댔다. 호텔에 오는 손님들을 생각하여 영문 번역도 함께 실었고, 어떤 주제를 선정할지에 대해서도 고민을 나누었다. 매거진의 이름은 JJ 마호니스의 'JJ'를 따 《J. J. Magazine》으로 지었다.

    그렇게 만들어진 샘플러를 들고 경영진을 찾아갔다.

"Why not?"

안할 이유가 없다는 것이었다. 다른 사람들에게 뭐하러 귀찮게 일을 벌이냐는 말을 듣기도 했지만, OK 결정은 내려졌다. 3천 부를 찍으나 1만 부를 찍으나 추가 비용은 종이값밖에 들지 않아서 내친김에 초판으로 1만 부를 찍었다. 다행이 반응은 호평이었고, 그것이 지금까지 지속되고 있다.

나는 올해도 매달 초 기쁘게 홍보팀과 함께 매거진 편집 미팅을 한다. 초기엔 서울 호텔 손님들을 위한 매거진이었지만, 지금은 아시아 지역까지 비치되기도 하고, 또 유료 정기구독 신청을 받거나 전국 대형 서점에서 판매하는 등 좀 더 대중적인 잡지가 되었다.

    디자인 전공 수업에서 이 매거진으로 디자인을 공부한다고도 하니, 혹시나 싶어 전국 그리고 아시아 지역 하얏트 호텔에서 매거진을 무료로 볼 수 있다는 사실을 알려줄까 한다. 매달 25일이면 새로운 매거진이 발행되니 혹 필요하다면 호텔 혹은 클럽

도전하는 자의 즐거움

에 방문할 때 집어 가주면 더 좋겠다.

    여담으로, 어쩌면 외국의 호텔이나 기내, 공항, 혹은 서점에서 뜬금없이 이 매거진을 만날 수 있을지도 모른다. 여행을 갈 때마다 매거진을 다섯 권씩 들고 가 여기저기에 꽂아두기 때문이다. 이 잡지에 영문 번역이 실리지 않는다면 상상도 못할 일이다. 1년에 두세 번 여기저기 뿌려놓고 있으니, 혹 해외여행 중에 매거진을 발견하면 내 개구진 장난에 남몰래 미소 지어주기 바란다.

호텔리어는 어떤 경우든 기억에 남는 무엇이고 싶어 생각을 한다.
아이디어는 몸부림이다.
그게 바로 호텔리어의 길이다.

아이디어를 얻는 방법

사뿐사뿐 제 발로 날아 들어오는 영감도 있지만, 보통은 그렇지 않을 때가 많다. 영감을 사냥하려는 노력은 중요하다. 당신의 사냥터는 어디인가?

《포브스》의 발행인이었던 맬컴 포브스의 경우 모터사이클을 즐기는 동안 일에 대한 영감을 얻었다고 하는 걸 보면, 제각기 아이디어를 얻는 나름의 방법이 있나 보다. 내 경우엔 여행과 영화 그리고 카메라가 그러하다. 파티 영감의 8할은 거기에서 얻었던 것 같다.

이유인즉 우선은 내가 좋아해서다. 예를 들어 〈위대한 개츠비〉를 모티프로 한 파티를 열려고 할 때, 내가 영화 대신 책을 읽는다면 차일피일하다 반도 못 읽을 것이다. 하지만 영화라면 재미있게 볼 수도 있고 많은 아이디어를 캐치할 수 있을 것이다. 이

건 사자가 사냥터를 정할 때 정글보다 초원을 선택하는 것과 같다. 아이디어는 길 위의 돌멩이에서도 찾을 수 있겠지만, 아무래도 내게 맞는 곳에서 찾아야 가장 멋진 아이디어를 얻을 수 있지 않을까.

두 번째 이유라고 하면, 파티가 여행, 영화와 뗄 수 없는 많은 공통점을 가지고 있기 때문이다. 이들은 늘 새로운 공간으로 사람들을 초대한다. 여행지에서 만나는 전혀 다른 세상과 제작자와 스태프들이 공들여 만들어낸 영화 속 환상적인 세계들. 파티를 위해 이곳을 낯설고 아름다운 공간으로 만들어야 하는데, 무에서 유가 창조되는 일이란 거의 없다. 때문에 이들에게서 아이디어를 빌려본다.

사실 좋은 공간을 발견하면 그것을 잘 가져다놓는 것만으로도 훌륭한 파티가 될 수 있다. 모방은 어떻게 창조하는지 배울 수 있는 가장 좋은 열쇠이다. 심지어 아이디어를 다른 영역에서 빌렸으니, 누군가를 따라 했다는 질투 어린 비난을 듣지 않아도 된다.

그렇다고 해서 무턱대고 보기만 하면 아이디어가 잡아달라며 다가오지 않는다. 사냥을 하기 위한 준비가 필요하다. 우선은 하나하나 주의 깊게 살펴보고, 좋은 게 있으면 재빠르게 붙잡아야 한다.

여행…. 대도시의 번화가에서 나는 사람들을 관찰하는 데 많은 시간을 보낸다. 정장과 보타이도 없고, 또 그곳은 호텔도 아니다. 눈에 띌 염려도 없으니, 그저 작은 일이나 하는 여행자 정도가 되어 벤치 혹은 카페테리아에 앉아 사람들의 옷차림을 먼저 관찰한다.

'저 사람들은 뭘 신고 있나, 바지는 뭘 입고 있나.'

이렇게 저렇게 두 시간, 세 시간. 그다음은 상의, 가방, 액세서리, 모자…. 그렇게 반나절, 하루쯤을 앉아 시간을 보내다 보면 한눈에 그 도시 사람들의 패션이 읽히는 순간이 온다. 도시를 지배하는 트렌드, 색감이 스쳐 지나가는 것이다. 그렇게 나는 그 도시를 분석한다.

그리고 카메라. 공간을 붙잡는 데 이것보다 더 좋은 도구는 없다. 예전엔 디지털카메라 같은 게 없었으니까 똑딱이카메라를 들고 거리로 나섰다. 그리고 좋은 것이 있으면 순간을 붙잡아 출력해서 이를 찾는 데 한참을 보냈다. 예를 들면 1993년 저녁 무렵 스위스 취리히 최고의 번화가 반호프스트라제에서 보았던 광경과 올리브그린색 쇼윈도에 다운라이트를 받아 빛나던 노란 레몬들, 새끼줄로 레몬을 주렁주렁 엮어놓은 가게 디스플레이 같은 것들을.

영화는 좀 더 편하다. 마음대로 되감기를 할 수 있으니까. 한 장면을 모티프로 따기 위해 서너 시간을 보낼 때도 있다. 예를 들면 영화 〈노팅 힐〉의 한 장면인데, 극중 영화배우인 줄리아 로버츠가 시대극을 찍은 촬영지의 배경인 런던 햄스테드 정원과 그곳에 펼쳐진 흰색 텐트들이 내 마음을 사로잡았다 치자. 그러면 정원, 그 뒤로 펼쳐진 우아한 저택인 하얀 켄우드 하우스, 숲, 새파란 호수, 봄의 기운이 물씬 풍기는 초록빛 잔디밭에 펼쳐진 흰색의 텐트들을 자세히 보기 위해 기꺼이 여섯 번 이 영화를 시청한다.

여기에는 부작용이 있는데, 정작 여덟아홉 시간 내내 돌려본 영화의 스토리가 기억나지 않는 것이다. 그래도 그런 시간들이 아깝지는 않다. 그만큼 좋은 파티의 모티프를 얻었으니까.

그렇게 아이디어를 캐치하고 나면, 클럽에 맞게 옮겨놓는 일이 남았다. 아무래도 클럽 안에서 흰 텐트를 칠 순 없으니까, 〈노팅 힐〉의 그 장면은 클럽의 수영장에 하얀 텐트를 치고 포도 등으로 장식한 홈 파티로 바꾼다.

멋진 광경들을 가져다 놓기 위해 얼마나 많은 시행착오를 거쳤는지 모른다. 앞서 말했던 반호프스트라제에서의 그 광경은 레몬 향기 물씬 나는 4월의 봄 파티가 되었다.

내 취향이 반영된 내 아이디어의 원천은 자연스레 여행과 영화 그리고 카메라라고 말해두지만, 영감을 받을 수 있는 것은 무한히 많고 다양하다. 나에게 맞을 뿐이지 다른 누군가에겐 맞지 않을 수도 있다. 정답은 없으니까 말이다.

꿈의 공간,
파티 기획자
로랑

12:30
이처럼 한가한 듯 치열한 시간은 없다.
만약 더 좋은 파티를 만들 수 있다면
나는 영혼이라도 팔았을 것이다.

누군가를 위해 무엇인가를 준비하는 것만큼 설레는 일은 없다.
예고된 기다림도 즐겁기는 마찬가지다.
1988년 우리는 준비했고, 또 기다렸다.

제이제이 마호니 씨는
위대한 개츠비인가

여름 내내 개츠비의 저택에서는 밤마다 흥겨운 음악이 흘러나왔다. 푸른 정원에서는 젊은 남녀들이 속삭이며 샴페인과 별빛 사이를 바쁘게 오가곤 했고, 오후 밀물 때면 손님들은 전망대에서 다이빙을 하거나 해변의 뜨거운 모래 위에서 일광욕을 했다. 개츠비 소유의 모터보트 두 척은 하얀 물거품을 만들어내는 수상스키를 꽁무니에 매단 채 바다 위를 달렸다. 주말에는 그의 롤스로이드가 아침부터 밤늦게까지 뉴욕을 오가며 손님들을 실어 날랐다.

《위대한 개츠비》, F. 스코트 피츠제럴드

오래전 F. 스코트 피츠제럴드의 소설 《위대한 개츠비》의 파티 장면에서 모티프를 얻어 파티를 열었던 적이 있다. 벨벳 레드카펫이 클럽의 입구를 가로지르고, 붉은 오픈카가 레드카펫에 도착한다. 사람들의 이목이 그 아름다운 붉은 오픈카로 쏠리면, 곧 문이 열리고 별빛처럼 아름다운 미녀들에게 둘러싸인 개츠비 씨가 위풍당당한 모습으로 등장하는 것이다.

　　개츠비 씨, 소설 속 닉 캐러웨이라는 제3자의 시선으로 묘사되는 제이 개츠비는 자신의 저택에서 매일같이 수없이 많은 사람들을 초대해 성대한 파티를 여는 부유한 신사이다. 아름다운 파티에 초대받은 손님들은 이 화려한 밤을 기꺼이 즐기지만, 대부분은 주최자인 개츠비 씨도, 개츠비 씨가 파티를 연 이유도 모른다. 가끔 그의 정체에 대해 속삭이는 이들이 있지만 밤하늘에 흩어져 있는 소문만큼이나 그의 정체는 묘연하기 그지없다.

꿈의 공간
파티 기획자
로랑

이곳에도 이와 비슷한 신사가 있다. 제이제이 마호니 씨.

　　몇 년 전까지만 해도 클럽의 파티 초대장에 주최자로서 이름을 올린 그는, 이곳에서 열린 모든 파티의 주인이나 지금까지 그 어느 파티에도 참석한 적이 없다. 그는 언제나 피치 못할 사정 때문에 방문하지 못하는 터라 그의 예약석은 늘 빈자리가 되어 미처 예약하지 못한 다른 손님들에게 자리를 내어주게 된다. 때문에 파티에 참석하는 대부분은 그의 존재를 모른다. 그래서 감명 깊게 읽은 책의 저자를 알고 싶어 하듯 파티의 주최자를 알고 싶어 하거나, 늘 비어 있는 예약석 표지판을 주의 깊게 들여

다본 손님들만이 가끔 그의 정체를 묻게 되는 것이다.

마호니 씨가 도대체 누구냐고 그러면 나는 웃으면서 손님에게 몸을 기울여 그분에 대해 이야기하기 시작한다. 이 신사의 정확한 이름은 J. J. Mahoney. 'J. J.'라는 이니셜은 친근하고 익숙하게 불리는 알파벳 설문조사를 통해서, 'Mahoney'는 아일랜드에서 사용되는 라스트 네임에서 따왔다. 그러니까 제이제이 마호니 씨는 소설 속 개츠비 씨와 마찬가지로 가상 인물인 셈이다.

이 신사는 오늘은 홍콩, 내일은 파리 등 자신의 전용기로 전 세계를 누비고, 또 자신의 호화 유람선 갑판에서 손수 칵테일 만들기를 무척이나 좋아하며, 때로는 세계적인 인사들과 담소 나누기를 즐기는 사교계의 귀재로 설정되어 있다. 또한 부유한 억만장자이면서 여행가, 자선사업가, 식도락가인 그는 좋은 친구가 있으면 만나야 하고, 많은 사람들과 좋은 시간을 같이 보내는 것을 좋아하고, 좋은 것이 있으면 또 같이 나눌 줄 아는 품격을 지니고 있다. 때문에 마호니 씨는 이와 같은 사교의 장을 열기 위해 1988년, 6월 중순 이곳에 대한민국 최초로 토털 엔터테인먼트 센터를 창립한 것이다.

클럽 JJ 마호니스를 영문으로 표기하면 J. J. Mahoney's. 즉 제이제이 마호니의 클럽이라는 뜻이다. 그와 클럽의 이름에 녹아 있는 스토리텔링과 철학은 지배인인 나를 통해서도 고스란히 전해

내려오고 있다.

지금이야 패리스 힐튼이나 톰 크루즈와 같은 유명 인사들이 자신의 전용기를 타고 한국을 비롯해 전 세계를 넘나들며 파티를 열거나 참석하지만, 이곳이 처음 생긴 1988년대만 해도 한국에 젊은이들이나 직장인들이 문화를 즐길 수 있는 공간이 거의 없었다. 디스코텍이나 룸살롱은 많았지만 칵테일 한잔 즐기고, 음악도 듣고, 때로는 혼자 또 때로는 여럿이 대화도 나눌 수 있는 사교적인 공간은 존재하지 않았다고 해도 과언이 아니다. 일상에 지쳐도 해외로 나가 아름다운 경치와 이국적인 정취에 젖을 수 없던 시대, 그런 시대에 이곳은 건전한 오락과 사교, 그리고 흡사 외국에 온 것 같은 착각이 들 정도로 이국적인, 마치 도심 속의 여행지와 같은 장소를 제공했다. 그리고 이곳의 지배인인 나 또한 이젠 그처럼 산다.

나는 1년에 여섯 번 이상 테마 파티를 기획하고, 온 세계를 넘나들고, 내가 보고 느끼는 모든 인상과 아름다움을 이곳으로 옮겨 사람들에게 기쁨을 주려고 노력한다. 무릇 경영자라면, 자기 일터의 주인공이 되어 24시간 무대 위에서 살아야 한다. 무대의 주인공인 배우가 그 배역 자체에 빠져들지 않는다면 흉내 내는 앵무새에 지나지 않기 때문이다.

이제 나는 내가 마치 그인 것처럼 느낀다. 그래서 내가 생각하고 느낀 모든 좋은 것들을 사람들과 공유하기 위해 노력한다. 반호프스트라제 밤거리에서 본 레몬트리 장식이나 친구와 싸운 날 밤 공항에 앉아 본 풍경도 클럽의 파티가 된다. 실제로, 입장료 대신 에어포트 텍스를 받고 항공사에서 빌린 유니폼을 직원에게 입히고 트롤리를 공수해 와 기내식처럼 만든 메뉴를 싣고 다녔던 항공사 밤 파티는, 93년 어느 날 그리스에서 출국하기 위해 아테네 국제공항에 앉아 있던 도중 받았던 강렬한 인상을 옮겨 만든 기획이었다.

이런 나를 누군가는 제이제이 마호니 씨 자체로 여기기도 하고, 또 다른 누구는 나를 개츠비 씨에 빗대기도 한다. 머리를 짧게 자른 독신자이며 파티 주최자이고 낭만적이 면이 있는. 그러나 나는 마호니 씨와 개츠비 씨 사이에 분명한 차이점이 있다고 생각한다. 소설 속 개츠비 씨가 실은 한 여자의 사랑을 얻기 위해 수없이 파티를 열었다면, 마호니 씨는 단수가 아닌 다수의 사람들에게 사랑을 나누어주기 위해, 또 사랑을 받기 위해 파티를 열고 끊임없이 사람들을 초대한다. 그리고 그 와중에 손님들은 한자리에 모여 즐거움을 나누고, 서로를 알게 되고, 또 사랑을 하고 결혼을 하는 등 행복한 일이 일어나는 것이다.

나 또한 그 즐거움을 알기에 마호니 씨와 교감한다. 누군가는 다수의 사랑을 얻기 위해 사생활을 포기하며 일하면 외롭지 않냐고 묻지만, 사실 누구나 외로운 것이 아닐까. 나는 다수의 사랑을 얻는 것으로 만족한다. 개츠비 씨의 사랑이 해피엔딩으로 끝나지 못했던 것이 보여주듯, 괴로운 것보다는 외로운 것이 나을 수도 있다. 특히 24시간 생방송을 연기해야 하는 배우에겐. 때문에 마호니 씨는 오늘도 파티를 열고, 나는 바쁜 와중에도 시간을 쪼개어 초대장을, 또 웰컴 레터를 쓰는지도 모른다.

눈이 소복하게 쌓이는 날이다. 새벽 네 시. 나는 텅 빈 클럽 창가에 앉아, 커피머신에서 갓 뽑은 커피를 마시며 그를 생각한다. 그가 만약 다음 파티에 참석할 수 있다면, 못하는 술이지만 그를 위해 같이 술잔을 나누고 싶다.

꿈의 공간
파티 기획자
로랑

어떤 이야기를 나눌 때, 의견을 조율할 때 어떤 편이냐면, 나는 일단 고객에 이로운 편이다.
결국 그런 결정이 고객에게도 호텔에게도, 모두 이로운 결과를 만든다.

초대장은 비행기 티켓처럼 만들었다.
모든 것은 상상대로 이루어졌다.
그것이야말로 큰 기쁨이다.

미지의 환상 속으로 초대하는 티켓,
Airlines Night

어떤 것에서 받은 영감이 새로운 창조물이 되고, 또 그것이 누군가에게 즐거움이 될 수 있다면 얼마나 행복한 일일까.

베스트셀러 《왜 나는 너를 사랑하는가》의 저자 알랭 드 보통은 2009년 꽤 재미있는 실험을 했다. 런던의 한 공항에서 일주일간 상주하면서 이때 받은 인상과 경험을 작품으로 만든 것이다. 이때 받은 그의 인상은 《공항에서 일주일을》이라는 제목의 책이 되었다. 나는 부끄럽게도 이 책을 읽어보진 않았지만 그가 느꼈을 법한 감정들을 짐작할 수 있을 것 같다. 왜냐하면 내게도 그런 경험이 있기 때문이다.

그 경험이 그에겐 글이 되었듯, 공항에서 받았던 나의 인상은 파티가 되었다. Airlines Night, 즉 '항공사의 밤'. 공항과 기내를 그대로 옮겨놓은 테마 파티다.

공항 하면 어떤 인상이 떠오르는가? 여행에 대한 기대감, 그리운 사람을 기다릴 때의 초조함, 부푼 가슴, 늦게 도착한 탓에 발걸음까지 바빠지는 분주함, 어쩌면 가슴 저미는 이별의 슬픔…. 짐작하면 그런 것들이 아닐까.

내게 공항은 설렘의 장소이다. 여행 전 비행기 티켓을 쥐고 새로운 세계를 그리는 곳. 그곳에서 나는 설렐 것이 분명하다. 지금까지와는 다른 세계가 나를 기다리니까.

파티도 그래야 한다고 믿는다. 맛있는 음식, 새로운 사람들, 열정적인 음악. 파티라면 그것만으로는 부족하지 않을까? 그런 것들은 평소의 이곳에도 있으니까.

파티라면 설레야 한다. 평소와는 달라야 하고 특별하고 환상적이어야 한다. 사람들도 그런 이유에서 파티를 찾는다고 나는 믿는다. 힘든 일상에서 벗어나 재충전을 하기 위해, 생각의 스위치를 끄기 위해, 새로운 경험과 만남을 위해 마치 여행을 떠나는 사람들처럼 파티를 찾는 것이다.

내게 공항이 특히 그런 영감으로 다가왔던 것은, 1993년 3월 여행 중의 일이었다. 그때 나는 공항 라운지에 앉아 멍하니 전광판을 바라보고 있었다. 아테네 공항이었던가. 스위스로 가는 비행기를 기다리고 있을 때였다. 정확한 날짜는 기억나지 않는다.

새벽녘, 나는 비행기 연착으로 네 시간째 공항에 발이 묶여 있었다. 정확히 숙취와 피로, 짜증으로 범벅되어 의자에 구겨져 있었다. 고백하자면, 그리 즐거운 상황은 아니었다. 그리스에 머무르는 마지막 날 밤, 호객꾼에게 잘못 걸려 친구들과 나는 한참 실랑이를 벌여야 했다. 그 탓에 친구들과의 사이도 멀어져, 어서 스위스로 떠나길 간절히 기다리고 있었다.

나는 외톨이가 되어 라운지 의자에 앉아 있었다. 철저하게 이 공항의 관객이 된 것 같았다. 외로웠다. 그런데 그런 와중이었다. 한순간 공항의 풍경이 바뀌었다.

처음엔 불빛을 깜박이며 수많은 행선지를 보여주는 전광판이 갑자기 다가왔다. 취리히, 베를린, 밀라노, 파리, 로마, 산토리니, 빈, 알렉산드로폴리스, 브뤼셀… 전광판이 비행기들의 행적을 보여주는 거대한 세계지도가 되어 눈앞에 펼쳐졌다. 그리고 출발 라운지에 드문드문 앉아 있던 각양각색의 사람들의 모습이 파노라마처럼 다가왔다. 갑자기 전율이 일었다.

'이 풍경을 가져가야겠다.'

그때 파티에 대한 모든 기획을 생각했다면 거짓말이지만, 나는 그때 받은 모든 인상을 클럽에 옮겨놓겠다고 이미 결정했던 듯싶다.

여행에서 돌아온 후 1994년도에 나는 항공사의 밤 파티를 기획했다. 여행 분위기를 물씬 풍길 수 있게, 클럽을 공항과 기내로 만들 계획이었다.

우선 각 항공사 마케팅 부서로 공문을 보내 승무원 의상을 협찬받았다. 한 항공사에서는 기내에서 끄는 트롤리를 대여해주었다. 나는 트롤리를 칵테일과 기내 디저트로 장식해 곳곳에 놓아두고, 50여 명의 직원들에게 승무원 옷을 입혔다.

클럽 입구는 기내로 탑승하기 전 공항처럼 만들어놓았다. 업장 전체가 젬보 비행기로 변했다.

손님들은 승무원으로 변신한 직원들의 서비스, 기내식을 본 딴 메뉴와 칵테일, 한편에 있던 14미터에 달하는 비행기 모형에도 즐거워했지만 특히 초대장이 재미있었다고 말했다. 파티의 기획에 맞게 비행기 티켓처럼 만든 초대장에 입장료 대신 공항 이용료를 제시했다. 손님들은 입구에서 승무원 복장을 한 직원에게 이 항공 탑승권을 보여주면서 아마 비행기에 오르기 전 기분을 만끽했던 것 같다. 그것이 마치 가지고 있는 사람을 미지의 환상 속으로 초대하는 티켓인 것마냥.

그때 그 한 장면의 영감으로 만들어진 파티. 핼러윈 파티를 제외하고 첫 테마 파티인데다 창작 파티라 조마조마하기도 했지만, 다행히 성황이었다. 그래서 그런지 고맙게도 이 파티는 지금까지도 조금은 새로운 면면으로 이어져오고 있다.

그땐 몰랐지만 지금은 알 수 있는 것들이 있다. 처음 파티는 아마 지금의 모습과는 비교도 할 수 없을 만큼 서툰 모습이었을 것이다. 그래도 손님들이 그 파티를 즐거워해줬던 이유는, 일상에서의 탈출에 목말라서가 아닐까 하는 생각이 든다.

첫 파티가 열렸던 1994년 즈음. 그 당시 해외여행이라고 하면 신혼여행으로 갈까 말까 할 정도였다. 그리고 그 즈음 삼풍백화점과 성수대교가 붕괴되면서 특히 손님들은, 아니 사람들은 우울해하지 않았나 싶다. 아는 사람을 건너 건너면 한두 명씩 사망자가 나왔던 그때, 그때 이 파티가 시름을 잊고 싶은 사람들의 꿈을 조금은 충족시켜주지 않았을까.

지금은 마음만 먹으면 훌쩍 여행을 떠날 수 있고 기분 전환을 할 수 있는 곳도 늘어났다. 그러나 그때는 여행의 즐거움도 파티도 많이 없었다. 그 때문에 처음이라 미흡했던 이 파티를 손님들이 사랑해주었다고 믿는다.

여담으로 하는 말이지만, 기쁘게도 이 파티는 다른 꿈과 영감을 낳기도 했다. 그때 당시 승무원이 꿈이었던 한 여직원에게, 협찬받은 승무원 의상을 입고 일했던 것이 크나큰 기쁨이었던 것이다. 승무원으로 일하는 기분이 들었던지 그녀는 내게 부탁해 그 승무원 의상을 빌려 입고 하루 전철을 타고 퇴근했다가 다음 날 출근하기도 했다. 이후 그녀는 자신의 꿈이 실현되었다며 너무나 즐거워했고, 지금은 이 경험을 살려 파티플래너가 되었다.

언젠가 그녀는 자신이 만든 테마 파티를 통해 그때 자신처럼 다른 사람들에게 꿈을 실현시켜주고 있다며 내게 감사를 표했다. 그 일을 생각하면 아직도 미소가 지어진다. 이처럼 행복한 일이 어디 있을까. 의도하진 않았지만 항공사의 밤 파티가 그녀의 꿈에 영감을 주었다니, 오히려 내가 더 감사할 따름이다.

꿈의 공간
파티 기획자
로랑

정성 말고 다른 수는 없다.
보이는 대로다.
정성이 부족하다면 엉망일 뿐이다.

파티마다 나는 긴장한다. 파티마다 나는 즐겁다.
긴장을 즐기는 것이 건강에 이롭다.

윤복희의 미니스커트와 핼러윈 파티,
시작은 달걀 맞을 짓

요즘 여성이라면 누구나 미니스커트를 입지만 과거 한때는 그걸 입고 다니는 게 달걀 맞을 만한 일이었다는 사실을 아시는지? 외국에서 인기를 끌던 미니스커트를 우리나라에서 처음 윤복희 씨가 입었다가 달걀을 맞은 사건은 꽤 유명한 일화이다. 그 이후 어이없게도 젊은 아가씨들은 너도나도 새하얀 허벅지를 훤히 드러내며 자신의 각선미를 거리에서 뽐내기 시작했고, 차마 눈뜨고는 못 볼 민망한 광경들이 연출되기도 했다.

뭔가 처음 시도하는 것은 늘 사람들의 비난을 받는다. 어딘지 이상해 보이기 때문이다. 일종의 편견이다. 달리 생각해보면, 모두 다 남들과 똑같이 산다면 세상은 너무 재미가 없고 식상하지 않을까 싶다. 사실 지금 우리가 즐기고 있는 유행과 문화의 시작은 모두 한때 달걀을 맞을 만한 짓이었으나, 그것을 감수할 만한 가치가 있는 파격이기도 했던 것이다.

핼러윈 파티도 그렇다고 생각한다. 지금은 홍대·강남·이태원 등에서 하나의 축제로 여겨지고, 또 파티를 즐기는 사람들의 명절로 자리 매김 했지만, 한때는 누가 보기에도 혀를 끌끌 내찰 수 있는 한심한 일이기도 했기 때문이다. 비난도 많이 받았다. 한국 최초로 이곳에서 파티가 열렸을 때에.

'핼러윈' 하면 무엇이 떠오르는지? 핼러윈을 즐기지 않는 사람도 한번쯤은 티브이에서 귀신 분장을 하고 돌아다니는 사람들을 보거나, 어딘가에서 웃는 모양으로 속이 파내진 호박 장식을 본 적이 있지 않을까 싶다.

원래 핼러윈은 10월 마지막 날 열리는 서양의 축제이다. 귀신을 쫓아버리기 위해 같이 귀신 분장을 하던 전통에서 유래한 이날은 근래에는 어린이들이 귀신 복장을 하고 이웃집을 돌아다니며 사탕을 받는 재미있고 유쾌한 행사가 되었다.

이 핼러윈의 상징 중 하나가 웃는 모양으로 속을 파내 안에 초를 켠 짙은 오렌지색 호박인데, 이러면 어둠 속에서도 당당히 불을 밝혀 귀신들을 약 올리기라도 할 듯한 익살스러운 표정의 호박이 만들어진다.

이 익살스러운 표정을 한 호박의 이름은 '잭오랜턴^{jack-o'-lantern}'이다. 이는 인색하게 살기도 했고, 또 악마에게도 장난을 쳐 죽은 후에 천국에도 지옥에도 들어갈 수 없게 된 '잭'의 영혼

꿈의 공간
파티 기획자
로랑

이 호박 속을 파내 그 안에 불을 지피고 그 불빛을 벗 삼아 세상을 정처 없이 떠돌아다닌다는 아일랜드 전설에서 유래한다.

요컨대 우리나라와는 아무런 연관도 없는 것이 핼러윈이다. 그러니 처음 파티를 선보였을 땐 생소할 수밖에. 지금이야 핼러윈 파티가 클럽의 대표 가을 파티가 되었고, 천 명이 넘는 손님들이 찾아와주지만 1988년도에 처음 파티를 기획했을 당시엔, 클럽 내부에서도 의아해하는 사람들이 많았다.

1988년은 의미가 깊은 해였다. 고급 사교 오락장이라는 슬로건을 내걸고 오픈한 첫 해이기도 했고, 88 서울 올림픽이 열리기도 했던 해이기도 했다. 또 호텔에 유사 이래 가장 많은 외국인 손님들이 방문했고, 또 클럽 개장 초반에 많은 파티를 열어 개인적으로는 슬슬 매너리즘에 빠지던 해였다. 핼러윈 파티는 뭔가 새로운 것을 해보면 어떨까 하는 생각에서 시작해 고심 끝에 나온 첫 테마 파티 아이디어 중 하나였다.

'장기 체류하는 외국 손님들에겐 그리운 고향의 향수를 불러일으킬 수 있을 테고, 외국에서 유학 생활을 했던 사람들에겐 한국에서도 파티 문화를 즐기도록 할 수 있겠지…'

이런저런 계산이 엇갈려 섞여 있긴 했지만, 무엇보다 나 스스로가 무척 재미있을 것 같았다.

'…이거 마치 가장 무도회 같겠는데?'

이런 생각이었다.

그해 7월 무렵이었던가. 그때부터 혼자 서양의 신화에 관한 책과 비디오 등의 자료로 독학을 해가며 핼러윈 파티를 기획해보기 시작했다.

첫 파티 테마는 '드라큘라 성으로의 초대'로 정했다. 때문에 제작부에 관을 짜달라고 하거나 동대문에서 검은 천을 사다 업장 안을 마치 베일처럼 둘러쳐보는가 하면 애꿎은 흰 침대보에다 붉은 물감을 뿌려 마치 피처럼 보이게 했으니, 하우스키퍼 아주머니들이 귀신이 들렸서 저런다고 염려스러워하거나 박수무당이 아니냐며 쑥덕이던 것도 이해가 간다. 핼러윈 분위기가 나도록 업장 내부를 꾸미고 직원들에게 귀신 분장을 시키려 했을 때도 처음엔 하기 싫어하는 사람들이 속출했고, 외부의 비난 또한 많았다.

문화가 될 만한 파격은 언젠가는 누명을 벗고 손가락질이 거둬지도록 하게 마련이다. 이런저런 많은 여담을 차치하고, 현재 핼러윈 파티는 테마 파티 선두주자라는 명예를 얻은 장수 인기 파티가 되었다.

게다가 10월 31일, 이젠 이곳뿐만 아니라 홍대·강남·이태원 등 젊은이들이 찾는 많은 곳 여기저기에 깔깔대며 웃는 호박 잭오랜턴이 장식되어진다. 그리고 스물 또는 서른쯤 된 청년들은 다른 사람들의 눈치를 보지 않고 마음껏 새로운 자신으로 탈바꿈할 기회를 얻는다.

　서양 문화를 그대로 답습하려는 것은 아니다. 누구도 귀신 복장에만 연연하지 않기 때문에. 귀신 복장보다는 오히려 좋아하는 캐릭터 코스튬character costume을 더 많이 한다. 내가 아닌 다른 나가 된 청춘들은 허리를 세우고 발걸음도 당당하게 1년 중 하루 이날만은 거리를 자유롭게 활보한다.

　이곳도 귀신의 성에서 벗어난 지 오래다. 커다란 틀은 그대로 있지만 때로는 병원으로, 때로는 얼룩말 동물원으로 매년 핼러윈 날마다 탈바꿈한다. 물론 매년 여전히 제각기 분장과 코스튬을 뽐내는 손님들로 인산인해를 이룬다.

한번쯤 새로운 나로 변신하고 싶은 적은 없었는지? 혹은 좋아하는 상상 속 캐릭터가 되어보고 싶은 적이 없는지? 미니스커트가 답답한 긴 치마에 갇힌 여성들에게 자유를 주었듯, 핼러윈이 하루쯤 틀에 박힌 나에게서 벗어나고 싶은 청춘의 욕구를 풀어주었다고 생각한다.

　만약 그렇지 않았다면, 우리나라에서 핼러윈이 이처럼 많은 사랑을 받고 새로운 뿌리를 내려가는 축제가 되지는 못했을 것이다. 그래서 매년 10월 마지막 날, 호텔에서 이태원까지 늘어선 불빛과, 저 한강 너머에도 있을 축제의 장을 내려다보면서 남몰래 뿌듯해지곤 한다.

윤복희 씨도 거리에서 미니스커트를 입고 거리를 활보하는 청춘들을 보면 이런 마음일 것이다. 정말이지 이제 와 생각해보면, 가까운 미래에 새로운 장르와 문화를 개척하는 일은 달걀 세례쯤은 아무것도 아닌 충분히 감수할 만한 도전이고 가치가 있는 것이었다.

꿈의 공간
파티 기획자
로랑

서울이 아름다운 것은 그 아름다운 것이 정지된 영상이 아니기 때문이다.
어스름이 내려앉으면 서울은 더 아름답다.

나는 여름이 오기 전에 풀에 물을 채운다.
내 영혼의 기다림도 여름 전에 가득 찬다.

영원히 널 살려줄게,
아쿠아 락樂 파티

영국 현대 미술을 이끈 데미안 허스트의 1991년 작품 〈살아 있는 사람의 마음속에 있는 육체적 죽음의 불가능성〉을 보면, 상어 한 마리를 수조에 넣기 위해 작가가 얼마나 많은 고민을 했는지가 엿보인다. 그는 물에 담긴 동물의 살아 있는 형상을 얻기 위해 포름알데히드라는 썩지 않도록 하는 보존용 용액을 수조에 가득 담고 죽은 상어를 집어넣었다.

웅장하게도 거대한 입을 쩍 벌리고 한입에 무엇이라도 집어삼키려는 듯한 상어의 모습은 충격 그 자체이다. 어쩌면 동물 학대와는 정반대로 '영원히 널 살려줄게'라는 메시지를 담고 있는 듯하다.

나는 악동 같은 데미안 허스트는 아니지만, 파티에서는 가끔 기발한 상상력을 최대한 발휘해보곤 한다. 때로 이것은 파티를 망칠 뻔한 아찔함을 줄 때도 있지만 말이다. 불가능해 보이는 아이디어가 새로운 문화를 탄생시키기도 하지만 모든 일에 성공만 있는 것은 아니듯, 가끔은 아이디어를 실행시키기 위해 도전하다가 실패할 때도 있었다.

매해 6월이 되면 더위를 조금이나마 잊고 날릴 수 있는 방법들을 생각해본다. 이 때문에 기획되어 지금 25년째 이어오고 있는 파티가 '아쿠아 락' 파티이다. 늘 순조롭게 이어져오는 것 같아 보이지만, 여기에도 웃지 못할 에피소드로 가슴 졸이게 한 사건이 있었다.

  시원한 여름 분위기를 위해 너비가 넓고 깊이가 얕은 수조 속에 물과 물고기를 넣어 마치 그곳이 아쿠아리움처럼 보이도록 꾸미고 싶다는 아이디어를 냈다. 형형색색의 아름다운 관상어들이 노니는 시원한 수조, 그 위에서 벌어지는 파티와 댄싱은 그야말로 시원함 그 자체일 것이라는 기대와 함께 말이다.

  그때부터 빈틈없이 계산하고 규격화한 수조의 제작에 들어갔다. 넓은 무대를 만들 욕심에 계산한 규격에 맞춰 수조를 제작해 세팅시켜놓고, 파티 당일 개장 두 시간 전인 오후 4시에 수조 속에 물을 넣기만 하면 되었다.

  '아, 내가 생각한 아쿠아리움이 눈앞에 펼쳐지는 순간이 다가오고 있어.'

<small>꿈의 공간
파티 기획자
로랑</small>

드디어 물을 채우는데 물이 점점 차오르는 수조의 느낌이 뭔가 좀 이상했다. 물이 3분의 2 정도 차오르는 순간, 댄스 플로어의 수조가 물의 압력 때문에 '쩍' 하고 갈라지며 깨져버리는 것이 아닌가.

시계를 보았다. 남은 두 시간 동안 빨리 이 상황을 없었던 일로 종료시키는 것이 급선무였다.

"자, 어서들 원래대로 해놓자고."

침착한 듯 말했으나 얼굴은 상기되어 있었고, 등줄기에서는 이미 땀이 도르르 떨어져 내리는 것을 살갗은 감지하고 있었다.

언제였던가…. 파티의 디스플레이를 위해 2만여 개의 상큼한 생레몬을 공수해 기둥에 박아놓았다가 모두 금방 썩어버려 골치가 아팠던 기억이 떠올랐다. 만약 지금 다시 레몬을 써야 한다면 레몬 자체는 모형으로도 충분히 시각적인 효과를 낼 수 있으니, 모형 레몬을 쓰되 레몬의 아로마 정도만을 은은하게 공기 중에 띄워 자연스레 풍기게 하는 후각이 동원된 시각적 효과를 택했으리라.

어쨌건 그날 응급처치로 인해 겨우 그 상황을 수습했고, 결과만 본다면 예상외로 아쿠아 락 파티는 성공이었다. 그 이후 내 깨달음은 컸다.

'아, 이래서 그 분야 전문가들의 이야기를 귀담아들어야 한다고 하는 거구나.'

어떠한 성공적인 결과물에도 우연이란 없었을 것이다. 수많은 시행착오와 경험이 이미 바닥에 깔려 있었을 것이며, 그것은 무엇보다도 진실된 것이다.

프롬알데히드 용액에 상어 시체를 담근 데미안 허스트의 작품이 1991년 1억 원에 팔리리라고는 세상 어느 누구도 상상조차 하지 못했다. 그러나 그 작가가 죽은 상어를 물속에 살려두기까지에 대한 고찰은 이제 충분히 짐작하고도 남는다.

그날 이후로 나는 아이디어를 현실로 옮길 때 실현 가능성까지 신경 쓰고 고민하게 되었다. 어쩌면 너무도 당연히 해야 할 고민이지 않았던가.

나는 호텔이라는 한정된 공간에서 자유롭게 꿈을 구현하고 싶다.
아직 멀었고, 이제 시작일 뿐이다.

불빛이 켜지면 사람들이 모이고, 그들은 즐거워한다.
그게 나의 행복이다.

무언가 반짝 떠오르는 순간의
프라이비트 파티

가끔은 개인적인 친분이나 지인들의 권유 등으로 시작하게 되는 파티가 있다. 물론 내가 이 업계에 있으므로 진행되는 일들인데, 별다르게 큰 파티를 미리 계획해 진행하는 것은 아니지만 그래도 손님들의 '니즈^{needs}'를 정확히 아는 상태에서 하는 파티이다 보니 다른 손님들에게까지 의외로 좋은 반응을 얻는 경우가 있다.

햇살이 구름을 타고 수만 개의 빗장을 꽂듯 쨍하게 쏟아져 내리는 어느 오월의 한낮, 친구에게서 전화 한 통이 걸려 왔다. 그때 막 식사를 마친 후라 왠지 모를 나른함이 밀려드는 걸 느끼며, 작은 동작의 스트레칭 정도를 가볍게 하고 있었던 것 같다.

"잘 지냈나, 친구? 하늘 한번 좋지 않나?"

"아, 무슨 애길 하려고 바쁜 사람이 하늘 애긴가?"

"눈치 하곤…. 다른 건 아니고, 내가 자네에게 용건이 뭐가 있겠나. 전문가의 도움을 빌어야 할 일이 있어서 말이야. 글쎄 뭐 작은 홈 파티 정도로 생각했었는데 말야, 그래도 배우도 오고 스태프도 오는데 그런 쪽으로 좀 센스를 발휘해서 말이지…"

"하하하, 이 친구. 어느 분이 오시는지는 모르겠지만 신경 좀 쓰이나 보네."

"그게, 우리 장인어른이 작품을 하나 마치셨는데, 그 작품의 배우분들과 스텝분들이 다 오실 것 같네. 아, '전, 인, 화' 씨도 오실 거고."

꿈의 공간
파티 기획자
로랑

지금은 고인이 된 사극 연출의 대가 〈용의 눈물〉 김재형 감독의 사위인 친구의 말엔 '더 신경 써주게'라고 당부하는 암묵적 메시지가 담겨 있었다.

순간 런던의 축축한 날씨와 초록색을 품은 영국의 켄우드 하우스가 뇌리에 떠올랐다. 여섯 번이나 본 영화 〈노팅 힐〉의 엔딩 장면이 머릿속에 콕 박혀 있어서 그랬는지도 모르겠다.

"알겠으니 염려 말고, 잘 즐길 준비나 하시도록 하게."

자신감을 던져놓고 그때부터 고민에 들어갔다.

'아, 뭐가 좋을까. 여기에 집을 지을 수도 없고 말이야…. 흠… 그렇지, 꼭 진짜 집일 필요가 있어? 텐트 여러 개를 치자. 화이트의 순백이 돋보이기만 하면 돼. 실내에 칠 순 없으니 풀장 주변을 활용하는 게 좋겠군.'

처음 떠오르는 느낌이 대개는 정확히 맞을 때가 많다. 특히 감성적인 부분에선 확실히 그렇다.

머릿속엔 햇살에 반사되어 눈부신 풀장이 펼쳐지고, 그 주변으로 하얀 텐트들이 하나하나 그려져갔다. 때로는 띄엄띄엄, 어떤 쪽은 옹기종기.

두 눈을 지그시 감아봤다. 아름다웠다. 하얀 텐트는 햇살에 지붕이 반사되어 오렌지빛으로 물들어 보일 것이고, 전체적인 분위기는 세련되고도 깨끗할 것이다. 그래도 아직 밋밋했다. 깨끗하고 깔끔한 것만으로 눈 높은 우리 프라이비트 손님들에게 만족감을 주기엔 아직 부족했다.

'그렇지, 포도!'

이제 색은 다 채워졌다. 시각적으로 이렇게 세련되고 고급스러울 순 없을 것이다. 풀장 주변에 잔디가 다 펼쳐진 것은 아니지만 화이트 텐트들은 켄우드 하우스가 될 것이고, 풀장은 눈부시게 빛나며 그린의 언덕을 대신할 수 있을 것이다. 여기에 보랏빛의 포도들은 그 자체가 먹거리이며 연출이 될 것이다. 생각을 하다 보니 입속에 포도의 묵직하고도 깊고 상큼한 여운이 가득 고여, 나도 모르게 침이 한번 삼켜졌다.

그날의 프라이비트 파티는 〈노팅 힐〉에서처럼 세련되고 멋스러웠다. 그리고 또 다른 묘미로 다른 손님들까지 좋은 반응을 보인 것은 당연지사였다. 멋진 배우들과 고혹적 매력의 전인화 씨는 〈노팅 힐〉보다 더 영화 같은 장면으로 연출되기에 충분했고, 덕분에 다른 손님들은 배우들과 자신의 카메라로 사진을 찍으며 자연스레 또 다른 축제 분위기를 냈다.

파티 기획에서 언제나 빨리 무언가를 캐치하는 두뇌는 매우 중요하다. 프라이비트 파티 역시 예외가 아니며, 캐치한 그 무언가는 꼭 감추지 않고 살짝 드러내고 보여줄 때 더 빛이 나고 매력적이다.

누군가를 위해 만든 테이블. 주인공은 딱 둘.
그 둘이 행복해한다면 수고는 기쁨으로 변한다.

나의 달력은 스케줄로 가득 차 있지 않다.
사람들을 만나는 일만 일이 아니다.

1월에 JJ에서
파티가 열리지 않는 이유

"1월엔 파티가 열리지 않네요. 어쩜, 이곳은 1년 내내 파티의 연속일 것 같은데."

손님의 물음에 대답을 하려면 살짝 떨리는 입술 끝부터 막아야 한다.

파티 캘린더에 1월이란 페이지는 없다. 큰 파티는 1년에 여섯 번이고, 그 사이에 수많은 크고 작은 행사들이 끼워져 있다. 그 안에 공백이 있다면 12월 31일 송년 파티와 2월의 밸런타인 파티 사이이다. 누군가는 한 해를 준비하려 바빠서 그러는 건 아닌지 추측하기도 하지만, 여기엔 웃지 못할 속사정이 있다.

1월의 파티. 실은 몇 년 전까지만 해도 1월 파티가 있었다. 이곳의 야외 풀장은 여름엔 물을 채워 싱그러운 석영빛 수영장으로, 겨울엔 물을 얼려 아이스링크로 사용한다. 아직 얼음이 꽁꽁 얼어 있는 1월이었다.

'아프레 스키 바$^{\text{Apres Ski bar}}$처럼 꾸며 클럽을 알프스의 산장에 온 것처럼 만들면 어떨까? 직원들에겐 화려한 컬러의 스키복을 입히고, 얼음을 깎아 만든 잔을 쓰게 하고, 스키용품도 여기저기서 대여해놓자. 도심 한복판에서 스키장 분위기도 즐기고 겨울 미니 여행 기분도 만끽할 수 있다면, 이보다 더 멋진 겨울 파티가 될 순 없을 것이다.'

잘만 하면 크리스마스 이후 연말이 지나고 복잡해져 있는 손님들의 머릿속을 한번에 가볍게 만들 수 있는 1월의 특색 있는 파티가 될 것이었다.

지금이야 스키가 대중화되었지만 그때는 스키를 타는 것도 보는 것도 그리 흔한 일은 아니었다. 그러다 보니 이국적인 풍경을 이곳에 펼쳐놓는 것이 얼마나 근사한 아이디어처럼 느껴졌는지 모른다. 1월의 파티는 이런 의도에서 기획되었다.

송년 파티의 기세를 몰아 더 신나게 파티를 준비할 수 있었다. 스키용품점에서 스키복과 용품들을 잔뜩 대여해 오고, 야외 이곳저곳에는 얼음을 깎아 장식해놓고…. 모든 것이 순조로웠다. 단장을 마친 클럽은 마치 동화에서 나옴 직한 얼음 궁전처럼 보였다.

꿈의 공간
파티 기획자
로랑

나는 어느새 얼음 궁전의 사람들을 지휘하는 인물이 되어 있었다. 모든 조연들을 자리에 배치시켜놓고, 얼음 궁전의 성문을 활짝 열어젖혔다. 이제 수많은 손님들이 주인공이 되어 겨울 콘셉트에 맞는 복장으로 우아하게 들어설 것이다.

'신사 숙녀 여러분, 저희 얼음 궁전에 오신 걸 진심으로 환영합니다!'

하지만 성문 밖엔 사람이 없었다. 손님들이 오지 않는 것이다. 다른 파티에 비해 1월의 파티에 찾아오는 손님의 수는 절반도 되지 않았다. 손님이 반이고 직원이 나머지 반인 것처럼 느껴졌다. 아이스링크에 반사되어 반짝이는 불빛, 몇 안 되는 손님들 사이를 한적하게 배회하는 화려한 스키복이 어찌나 처연해 보였던지.

그 1월의 파티는 스키용품 대여 비용을 간신히 건졌나 말았나 했다. 그날 관자놀이를 문지르며 담배에 불을 붙이는 내게 아무도 선뜻 다가오지 않았다. 많은 생각이 머릿속을 스쳐 지나갔다.

'더 근사한 파티를 만들어 다음 해에는 반드시 이렇게 만들지 않으리라.'

이런 다짐을 뒤로하고 1월의 파티를 마무리했다. 하지만 문제는 다음 해, 그다음 해에도 또 일어났다. 기나긴 어둠의 터널을 지나는 기분이었다.

어떠한 안 좋은 예감이 있어 이러는 것일까 생각하고 있을 즈음 우리와 같은 엔터테인먼트 업체 중 대다수의 곳들이 1월 행사를 피하고 있다는 사실을 알게 되었다.

예컨대 이렇다. 새해가 시작되는 1월 1일은 대부분의 사람들이 많은 새해 다짐을 하게 된다. 올해엔 건강을 생각해서라도 술은 적당히 마셔야겠다, 금연 약속을 꼭 지켜야지, 하려던 공부도 이제 계획적으로 시작하자 등등. 이러한 다짐을 한 후엔 결국 실패하더라도 1월 한 달 동안은 지키려고 노력하지 않던가.

이런 각오 때문에 영화·연극·연예 등 모든 엔터테인먼트 업계가 비수기를 맞게 된다고 한다. 이 시기만큼은 아이디어가 중요한 게 아니었다. 그보다는 손님들의 마음이 그러한 것이고, 새해인 것이다.

얼마나 값비싼 수업료였는지 모른다. 그동안 파티를 기획하기만 했지 손님들이 어떤 계절에 어떤 생각을 하는지는 미처 생각해보지 못했던 것이다.

나는 결국 1월의 파티는 이제 끝내야 한다는 사실을 처음으로 인정할 수밖에 없었다. 봄바람 살랑대고 꽃들이 만개하는 가슴 설레는 4월의 파티에 손님이 훌쩍 많아지는 데에도 다 이유가 있었던 것이다. 계절에 감사할 따름이다.

나에게 크나큰 교훈을 준 경험이었지만, 이따금 스키를 둘러매고 가는 사람들이 많아지는 시즌이 되면 나도 모르게 한숨이 새어 나오는 것을 막을 수 없다. 혹여 1월에 홈 파티나 즐거운 술자리를 계획하는 사람이 있는가? 썰렁한 인원을 보고 싶지 않다면 2월로 날짜를 옮기는 건 어떨까 싶다. 나는 일단은 뜯어말리고 싶은 심정이다. 다시 말하건데 1월은 절대로 파티의 달이 될 수가 없다.

이름은 곧 생명이다. 내게 이 이름들은 중요하다.
로랑, 모닝과 캄, 그리고 JJ.

전국에 클럽을 알린
뜻밖의 사건

미국의 수영 2관왕이 특수 절도 혐의로 붙잡혔다가 검찰의 기소유예로 풀려났다. 수영 경영 400미터 계영과 800미터 계영에서 두 개의 금메달을 딴 트로이 달베이(20) 등 미국 수영팀 선수, 코치 세 명이 9월 24일 새벽 서울 하얏트 호텔에서 술을 마시고 나오다 입구에 있던 사자 머리 돌 조각상 한 개(시가 40만 원 상당)를 가지고 달아났다가 경찰에 붙잡힌 사건이 일어났다.

1988년 10월 3일자 《동아일보》

1988년 가을, 추석 무렵이었다.

"이게 웬일이냐, 우리 막내아들이 티브이에 나오네."

추석 명절 송편을 빚고 있던 어머니가 화들짝 놀라 탄성을 질렀다.

그때 처음으로 내가 매스컴에 나오고, 호텔이 화제에 오르게 된 사건이 있었다. 클럽 입구 주차장에 지금도 있는 석조 사자상이 사건의 시작이었다. 왼쪽 출입구에 나란히 놓아두었는데, 그중 하나가 없어진 것이었다. 올림픽 시즌이라 각 호텔 입구마다 선수들의 안전을 위해 파견된 경찰이 경비를 섰던 때였다. 혹시 모를 테러 때문이었는지도 모르겠다.

그런데 사자상이 하나 없어진 것이다. '일하는 아주머니가 닦으려고 치워두었나' 하며 지나쳤다가 무심코 전경에게 물었더니, 폴로셔츠를 입은 외국인이 커다란 것을 뭔가로 둘둘 싸 가지고 갔다고 했다. 그제야 아차 싶은 생각이 들었다. 무전기로 배치된 전경들에게 연락해보니 그 몇몇에서 호텔 정문으로 나가 택시를 타고 이태원으로 갔다고 했다. 다급한 마음에 직원들을 불러 모아 말했다.

"이태원을 뒤져요. 그걸 잃어버리면 이 하나가 빠진 것처럼 무용지물이 됩니다. 여섯 마리 중 한 마리가 비어 있는 모양새는 좀 그렇지 않은가요."

단지 사자 조각상 하나를 찾자는 의도였지 그것이 그토록 퍼블

리싱하게 번져갈 줄은 몰랐다. 그런데 술에 취한 선수가 택시를 타고 도망가면서, 그것을 밖으로 던진 것이다. 연락을 받고 이태원 파출소까지 가보니 각 파출소마다 이미 경찰이 상주해 있고, 사회부 기자들까지 와 있었다.

　우리는 물건을 찾은 것만으로도 괜찮다 했는데, 그 선수는 갑자기 화가 났는지 전경 얼굴에 침을 뱉었다. 미국 선수라는 이유로 이 사건은 일파만파로 번졌다. 우리나라와 미국 사이에 있었던 권투 경기에서 판정 시비로 국민들이 불만을 가졌던 때라 미국 선수, 그것도 금메달을 딴 선수의 이러한 돌발 행동은 더 큰 이슈가 되기에 충분했다.

　방송사에서 다 나와서 인터뷰를 하자고 하니 나는 마치 죄를 지은 사람마냥 잠 한숨 못 잔 채로 오전 일곱 시에 어수룩하게 사진을 찍게 되었다. 이 사건을 미디어에서 터뜨리면 뭔지 모를 곤란한 상황이 생길 수도 있을 것 같아 불안하기도 했다. 하지만 클럽 출입구에서 그 상황을 상세하게 말해달라는 방송사들의 연출은 몇 억짜리 광고 또한 될 수 있는 일이었다. 나로서는 거절할 이유가 없었다. 때문에 돌연 나와 클럽이 티브이에 나오게 되었고, 집에선 반갑고도 신기한 일이 되었을 뿐 아니라 외부적으로 이곳을 모르던 사람들에게까지 호텔에 이런 곳이 있음을 알리는 어마어마한 광고 효과를 보기도 했다.

"이곳이 올림픽 때 세계적인 금메달리스트들이 파티를 즐기던 분위기 좋은 곳이라잖아."

꿈의 공간
파티 기획자
로랑

만약 최고가 아니라면 송구하고 미안해할 줄 알아야 한다.
그래서 최고가 편하다.

로랑, WHO AM I ?

21:35
정말 말도 안 되는 경험이 많다.
진부한 말이지만 결국 그런 경험이 사람을 만든다.
나는 경험을 신뢰한다.

누가 주인공인가?
언제나 사람이 주인공이다.
그 주인공과 어떻게 어울릴 수 있는가가 숙제다.

나의 인턴 시절
그리고 노 프라이비트 라이프

'모닝'과 '캄' 그리고 나는 남산을 오른다. 자주는 아니지만 남산을 오르면서 건강을 챙기는 동시에 마음을 챙긴다. 한 걸음 한 걸음 내딛으면서 무엇이 중요한지, 어떤 자국이 아팠는지 뒤돌아본다.

누구에게나 고생스러웠던 시간은 있다. 처음 호텔에 입사하고 좋아했던 시간도 잠시. 들어오자마자 주어진 일은 접시 닦는 일이었다. 물론 지금은 더 긴 시간 동안 이런 과정을 겪는 걸 당연하게 여기지만, 그 당시엔 멋있어 보이는 호텔에서의 자기 위치 일들에 앞서 초보적인 일부터 하나씩 배워나갔다.

좋게 생각하면 평생 접시 닦으러 들어온 것은 아니었기에, 호텔리어가 되는 과정에서 기물에 익숙해지는 시간은 꼭 필요했으리라. 그럼에도 그 시간이 너무 고되어 견디지 못하고 떠나는 동료들이 부지기수였다. 자존심도 버려야 했고, 하루 종일 답답한 구두에 발을 혹사시키니 발에 무좀이 생기는 것도 당연했다. 게다가 그땐 주 5일 근무도 아니어서 주 6일, 하루 10시간 동안 중노동을 했다.

  퇴근해서 돌아오면 승모근부터 시작하여 어깨 마디마디가 쑤셔 샤워가 끝나기 무섭게 스르르 깊은 잠에 빠져들곤 했다. 보다 못한 누나가 말했다.

  "너무 힘들면 그만둘래?"
  "여태껏 한 건 다 어쩌고."
  "그래…. 결정은 네가 하는 거다만."

지나온 시간들이 아까워 이를 악물었다.
  '고통의 시간도 어떻게든 지나간다.'

1989년부터 테마 파티를 하다 보니 1992년도에 계속해서 해외 연수를 할 기회가 생겼다. 인도네시아, 자카르타, 발리, 싱가포르, 홍콩, 도쿄, 시드니, 멜버른…. 시야가 넓어졌고, 그러다 보니 우리나라의 문화가 많이 뒤쳐져 있다는 것을 느꼈다.

  좋은 기회들 속에서 많이 배우고 느끼고 일하고, 그러다 차장이 되면서 이곳에 헌신해야겠다는 생각이 들었다. 나이도 서른다섯이 되었고, 파리스그릴을 오픈하고 보니 너무 좋았던 것이다. 아침, 점심, 저녁 하루에 150명의 손님으로 채워지는 활기 넘치는 분위기가 그랬다.

그런데 일로는 인정받았지만 그럴수록 '나'는 어디에도 없었다. 호텔리어가 아닌 개인으로서의 나. 모두의 찬사가 이어졌지만 클럽과 파리스그릴 이면에 밀려드는 허한 감정은 무엇으로도 추스르기 힘들었다.

'내 삶을 찾고, 나를 위한 시간을 갖자.'

1년에 두 번 여름, 겨울에 3주가량 훌쩍 여행을 떠났다. 만화 《베가본드》 속 주인공이 되는 시간이었다. 그때는 모바일폰도 없었기 때문에 외국에 나가면 끝이었다. 아무에게도 방해받지 않고, 이런저런 말을 들을 이유도 없었다. 그야말로 나만 생각하는 휴가를 만끽할 수 있었다. 그렇게 4~5년간 이어진 훌쩍 떠나는 나만의 여행으로 질 좋은 산소를 맘껏 충전했다.

오늘 아침 로비의 모습은 이렇다. 일찍 출근하느라 분주한 손님들과 모닝커피 한잔의 여유를 갖고자 신문을 말아 들고 내려오는 손님들, 그들 사이로 커피 향이 은은하게 깔려 있다.

저녁의 모습은 또 어떠한가. 24시간, 시간마다 다르게 펼쳐지는 야경과 전망이라는 호텔의 매력이 드러난다. 희한하게도 아침부터 저녁까지 호텔은 다양한 색채와 빛으로 옷을 갈아입는다. 저녁이면 업라이트를 켜서 붉은빛을 발한다. 정확히는 미색인데 나무 쪽은 그렇게 보인다. 의도한 건 아니지만 LED 조명보다 훨씬 자연스럽다.

'흥분된다.'

섹시한 여자가 스쳐 지나가고 내 곁에 그녀의 잔향이 머물러 있는 순간처럼 흥분된다. 그리고 나뿐만 아니라 모두가 더 흥분되어야 한다.

저녁 여덟 시 반이 지나면 밴드가 연주를 하는데, 연주가 시작되면 분위기가 또 달라진다. 피아노 선율이 울리는 조용한 라운지의 공연. 밴드의 벨벳 의상 실루엣마저 아름답다. 개인적으로는 클래식한 의상을 권하고 있기는 하지만 말이다.

이런 사랑스러운 로비를 느끼며 나만의 여유를 찾아간다. 새벽 무렵의 인적 드문 단아한 로비를 바라보며 이것이 나에게만 주어지는 프라이비트 라이프 아닐까 하면서 여유도 갖고 자만해 보기도 한다.

이른 새벽 나를 위한 호텔의 멋진 선물을 받으며, 오늘도 새벽 세 시에 집으로 돌아간다.

특별한 것, 최고급. 이런 방식이 꼭 성과가 있는 것은 아니다.
가장 비싼 방, 가장 비싼 메뉴가 늘 매혹적이지 않은 이유가 여기에 있다.

갓 구워낸 빵을 보면 지금도 누군가에게 주고 싶다.
그러니 먹고살기 힘든 시절에는 어땠을까?

두 번의 만남,
호텔과 사랑에 빠진 날

벼락에 맞거나 사랑에 빠지는 것처럼, 한순간의 강렬한 경험이 인생의 모든 것을 결정지을 때가 있다. 내게는 누나 손에 이끌려 들어갔던 호텔에서 받은 첫인상이 그랬다. 그리고 30여 년간 함께하고 있는 이 호텔과의 첫 만남이 그렇다.

 1968년이었는지 1969년도였는지. 유치원생이었을 때 큰누나를 따라 서울의 한 호텔 뷔페에 갔던 것이 호텔에 대한 나의 첫 경험이다. 당시 20대였던 큰누나는 막내인 내가 인천에서 서울로 놀러 가면 여기저기 데려가길 좋아했다. 그때마다 매형도 함께였으니 둘의 데이트에 끼어든 셈이다.

 호텔에 가기 위해 멋을 내느라 빳빳한 셔츠에 반바지, 흰 스타킹, 구두까지 신고 택시를 탔는데, 옷이 불편해 가는 내내 부루퉁했던 걸로 기억한다. 그런데 택시에서 내리니 눈앞에 깜짝 놀랄 정도로 멋진 광경이 펼쳐졌다. 지금에야 유치원생도 체험학습이다 뭐다 하며 여러 곳에 데리고 가지만 당시는 그런 때도 아니었으니까. 자장면이 30원 하고 서울에 호텔이 다섯 곳 남짓하던 시절이었다. 그래서 충격이 더하지 않았을까.

짙푸른 녹음에 휩싸인 고동빛 궁전은 마치 나를 동화 속 세계로 초대하는 것 같았다. 너른 정원을 지나 서양식 호텔 건물로 들어서자, 로비 라운지의 황금빛 조명과 아름다운 장식들이 나를 맞이했다.

'어떻게 이런 곳이 있을까!'

내게 그곳은 천국이었다. 원하는 대로 마음껏 떠 먹을 수 있는 아이스크림과 콘이 수북하게 쌓여 있고, 생일 때나 겨우 한 조각 맛볼 수 있는 케이크가 통째로 있는데다 달콤한 빵과 맛있어 보이는 과자들, 또 골라 먹어야 할 정도로 많은 음식이 있는 곳. 그때 그 기억이 얼마나 강하게 뇌리에 박혔던지. 지금은 별것 아닐 텐데 그때 그 아이스크림의 맛만큼은 잊히지가 않는다.

한편 커다란 황금빛 샹들리에, 아름다운 벽 장식들은 집에선 도저히 볼 수 없는 물건이라 어린아이의 온 시선을 빼앗았다. 정장을 입은 어른들이 어린아이였던 내게도 친절하게 대해준 기억까지 덤으로 안고 집으로 돌아간 나는 끙끙 앓았다.

'도대체 우리 집은 왜 이래? 왜 우리 집은 그렇게 못 꾸며놔?'

나중에 돈을 많이 벌면 평생 그런 곳에서 살아야지 결심했던 것도 어렴풋이 떠오른다. 그때부터 누나를 만나러 가기 위해 방학을 얼마나 손꼽아 기다렸는지 모른다. 누나를 따라 또 여러 호텔들을 다니면서, 내면에 이런 생각을 쌓아놓았다.

'멋있단 말이야. 이런 곳에서 일할 수는 없을까?'

고등학교 즈음에 호텔리어로 진로를 결정하자 집이 발칵 뒤집어졌다. 지금이야 괜찮은 직업으로 생각하지만, 엄혹한 유신 시절 남자가 그런 식으로 옷을 입고 머리에 기름을 바르고 서빙하며 다니는 게 좋아 보일 리 없었을 것이다. 그러나 난 어릴 적 기억을 떠올리며 그런 곳에서 일하면 참 근사하겠다는 생각과 함께 결심을 굳혀갔다. 그때 내가 프런트데스크니 호텔 경영에 대해 뭘 알았겠는가. 호텔리어라는 직업에 대한 이해는 그 인상이 전부였다.

그 이후 강렬했던 인상을 딱 한 번 더 경험했다. 지금도 매일매일 출근하는 호텔과의 첫 만남에서.

호텔에 인턴으로 지원해 면접을 보러 가던 날이었다. 화창한 날씨, 그때도 택시를 타고 갔는데 멀리서도 남산 위에 우뚝 서 있는 호텔 건물이 보였다. 창문 너머로 보이는 호텔을 바라보며 이렇게 생각했다.

'여기에 어떻게 이런 유리 성이 있지?'

지금 봐도 멋있는데 그땐 얼마나 더 좋아 보였을까. 부드럽게 휘어진 곡선도 참 우아했지만, 전면이 유리로 된 건물이 햇살을 받아 반짝반짝 부서지던 장면이 얼마나 인상적이었던지 마치 사진을 찍은 것처럼 머릿속에 박혔다. 사랑에 빠질 때 그 장면 그 느낌처럼.

다행히도 나는 그날 면접에 합격했고, 지금도 이 호텔과 함께하고 있다.

한 번도 직장을 옮기지 않았으니 이제 27년. 누군가는 매일같이 같은 곳에 출근하고 퇴근하는 게 지겹지 않냐고 묻는다.

"그럼요. 전혀 지겹지 않죠."

이곳 남산은 봄, 여름, 가을, 겨울 계절이 바뀔 때마다 계절과 같이 옷을 갈아입는다. 남산의 연분홍빛 벚꽃과 푸른 나무들, 또 울긋불긋한 단풍과 새하얀 눈…. 수만 가지의 모습을 지닌 일터에서 나는 대부분의 시간을 보낸다.

어찌 말하면 이곳에서 잠만 안 잘 뿐이지 살고 있는 것이나 마찬가지니, 이곳으로 이끌어준 두 번의 경험이 직업, 삶, 어릴 적 꿈까지 실현시켜준 셈이다.

겨울 야경은 호텔의 놓칠 수 없는 백미다.
질리게 보아도 겨울이 오기 전까지 그립다.
또 겨울이 오는데도 말이다.

나의 인상은 어떨까?
나는 지금 웃고 있는가?
나는 지금 호텔에 있다.

나의 보타이들

최근 남성 의사들이 긴 넥타이보다 보타이(나비넥타이)를 더 자주 맨다고 한다. 환자를 진찰하며 허리를 굽힐 때 권위의 상징처럼 여겨졌던 긴 넥타이가 오히려 환자에게 닿아 감염을 일으킬 수 있기 때문이다. 이때 의사들에게 보타이는 실용적인 옷차림이자 환자에 대한 배려의 상징이 된다.

공식석상에서 격식을 차리고 싶을 때 점잖게 목에 매거나 파티를 위한 액세서리로 경쾌하고 가볍게 묶는 등 사람들은 이런저런 이유로 보타이를 맨다. 주로 패션을 위해서, 드물게는 앞과 같은 실용적인 이유로.

나 또한 보타이를 맨다. 하루도 거르지 않고. 파티마다 계절마다 또 날씨, 낮과 밤마다 색과 두께, 무늬를 달리하여 보타이를 골라 맨다. 이 나비들은 내가 일터로 향할 때마다 빠짐없이 내 목에 내려앉아 있다. 그래서 가끔 손님들은 호기심 어린 목소리로 내게 묻는다.

"왜 매일 보타이를 매죠?"

다른 사람들과 마찬가지로, 내게도 이런저런 이유가 있다.
처음 보타이를 매기로 결심한 것은 1988년. 호텔의 인테리어 디자인을 25여 년간 총괄해온 세계적인 건축가 존 모포드 씨와의 인연에서 비롯되었다. 당시 나는 인턴을 막 마치고 호텔의 식음료 부서에서 일하고 있었다.
레스토랑에서 사람들에게 음료를 권하던 그 무렵, 모포드 씨는 내게 세계적인 건축가가 아니라 그저 주름진 눈에 부드러운 웃음을 머금던 외국인이었다. 그는 어린 내게도 상냥했다. 그에게 아이스티를 권하고 나서 거절당한 후 농담을 하면 이렇게 대답했다.

"미안합니다. 제가 유혹을 해서."
"나야말로 미안하군요. 유혹을 하게 해서. 사과의 뜻으로 한 잔 마시겠습니다."

그는 유머를 받아칠 줄 아는 센스로 장난스럽게 응답하던 신사였다. 그때 그의 목에는 우아한 보타이가 매달려 있었는데, 그것이 참으로 매력적으로 보였다. 아마 지금도 호텔에 녹아 있는 그의 감성과 색채감각, 철학 등이 그 따뜻한 색감의 나비에 머물러 있었으리라.

거기에 홀리듯 매료된 나는 온 서울을 뒤졌다. 하지만 보타이 파는 곳을 찾을 수 없었고, 홍콩으로 파견 근무를 가서야 보타이를 전문으로 파는 숍에서 구입할 수 있었다.

긴 넥타이보다 만들기 어려운 탓에 가격은 더 비쌌지만 그런 것은 아무런 문제가 되지 않았다. 이미 존 모포드 씨의 공간 구성 능력과 철학을 존경하게 된 터라 더더욱. 그때 보타이는 내게 그와 교감하고 호텔에 녹아 있는 그의 디자인 감각과 감응하는 하나의 장치였다.

보타이를 매는 데는 직업적인 이유도 있다. 클럽의 프로모터이자 1년에 여섯 개 이상의 테마 파티를 기획 진행하는 파티 기획자가 되면서, 파티를 열고 진행하고 초대받는 일은 내게 일상이 되었다. 호텔리어로서 단정한 복장을 해야 하는 내게 활짝 날개를 편 보타이는 그것을 하나 매는 것만으로도 나를 보는 손님들로 하여금 파티 분위기를 느낄 수 있게 하는 하나의 상징이 되었다.

'아, 그래, 이곳은 그저 숙박만을 위한 시설이 아니었어. 파티와 새로운 문화를 즐길 수 있는 곳이지.'

무의식중에 손님들이 이렇게 생각해준다면, 그것만으로도 보타이는 제 역할을 다한 것이다. 그래서 나는 보타이를 맨다. 나를 돋보이게 하기 위해서가 아니라, 나와 내 보타이를 본 손님들이 파티를 떠올리고, 또 이곳을 떠올리고, 더 나아가서는 이 호텔을 떠올리면서 친근감을 가질 수 있도록.

    호텔엔 좋은 음식과 좋은 서비스가 필요하지만, 그것만으로는 무언가 부족하다. 그와 더불어 한 사람이라도 언제나 변함없이 자신을 맞아줄 준비를 하고 있다는 생각이 들면 호텔로 가는 발길이 더 즐겁지 않을까. 손님들이, 그 호텔에 가면 언제나 보타이를 맨 그가 있고 같은 모습으로 다가와 손을 맞잡고 반겨준다는 것을 아는 것만으로도 이 보타이는 충분한 역할을 한 것이 아닐까.

무수한 보타이들과 함께한 20여 년, 이제 나는 파리에 가면 보타이부터 쇼핑해야 마음이 놓이고, 호텔의 손님들도 내게 줄 선물로 망설이지 않고 보타이를 고른다. 지금 내가 소장하고 있는 보타이는 300여 개에 달한다. 패리스 힐튼과 르네 젤위거, 톰 크루즈 등 호텔을 찾은 유명 인사들의 선물 덕도 있지만, 그보다는 9년 전 모포드 씨에게 받은 보타이 선물 박스로 그렇게 많은 보타이를 모을 수 있었다. 자신은 이제 보타이를 하지 않아도 된다면서 한꺼번에 80여 개의 보타이를 박스에 넣어 선물로 주었던

로랑,
WHO AM I
?

것이다. 값어치로도 수백만 원이 넘지만, 그보다는 자신이 지금까지 소장해왔던 것들을 줄 정도로 나를 생각하는 것 같아 기뻤다. 크리스마스 선물을 받은 것 같은 기분이었다.

오늘도 나는 보타이를 맨다. 매번 보타이를 신경 써 고르는 내 곁에는 상자 안에서 벌집처럼 촘촘히 말려 있는 보타이들이 자신의 차례를 기다리며 조용히 잠들어 있다. 취미 삼아 한 장씩 사 모은 보타이들과 존 모포드 씨의 보타이들, 친구들과 손님들이 하나씩 선물한 무수한 색채의 보타이들이 그 공간 안에서 추억을 드러낸다. 여담으로 말하자면, 모든 보타이가 제 나름의 색을 내고 있지만 그중 가장 반짝이는 것은 선물한 주인처럼 발랄한 존재감을 뽐내는 패리스 힐튼의 분홍빛 보타이다.

정말 좋은 서비스는 말이 필요 없는 서비스다.
말이 오갔다면 B학점.

그래도 가끔은
다른 인생을 꿈꾼다

1993년, 회의감에 빠지며 너무 힘들다는 생각이 들었다. 오래전부터 참고 견뎌오던 마음이 턱까지 차오른 것이다. 이런 때 친구에게서 전화가 걸려 왔다.

"쿠오니 트래블에 티오가 있어. 네가 적합해."

쿠오니 트래블은 스위스에 있는 여행사였다. 한곳에서 8년간 근무한 나에게 친구의 말은 시기적으로 유혹적일 수밖에 없었다. 두 번 생각할 필요가 없었다.

"그래? 일단 가서 보자고."

보스에게만 운을 떼고 1993년 3월 힐링 겸, 보상 심리 겸 휴가를 냈다. 핑계 삼아 유럽 여행을 하자는 것이었는데, 동남아시아 여행과는 또 다르게 짜릿할 정도로 좋았다.

유럽을 즐기고 그중에서도 스위스의 아기자기함을 맛보면서 생각했다.

'우물 안의 개구리마냥 내가 왜 이것만 해야 하나. 호텔은 이제 그만둬야지.'

하루 14시간의 근무, 반복되는 야근과 스트레스에 술만 먹으면 딴사람이 되는 폭주와의 전쟁, 그리고 무엇보다도 사생활이 없다는 점. 호텔을 그만두고 싶은 이유였다. 유럽 여행에서 돌아와 누나에게 털어놓았다. 나의 든든한 지원군이었던 누나도 속으론 내 생활을 안쓰러워했다.

"좋은 기회야. 네가 늘 야근하는 게 걸렸는데, 스위스로 가는 게 좋겠구나."

일터를 옮기기로 결정하고 총지배인이자 사장에게 이야기했다.

"자네를 위해 유러피안 레스토랑 프로젝트를 하고 있는데 절대 안 되네. 대신에 견문을 넓히고 경험을 쌓아보는 건 어떤가?"

사장의 반응은 뜻밖이었다. 33세에 차장으로 승진시켜준다는 파격적인 제의. 게다가 호텔에 있지도 않은 차장 자리를 넣어서라도 날 붙잡겠다니. 당장 내 위의 선배들에게 미운털 박히기에 충분했다.

낮과 밤이 바뀌어 연애도 3개월을 넘기기가 힘들 만큼 개인 시간이 없는 삶 속에서, 사직서는 당연한 보상이자 허락이나 받자는 의도였다. 그러나 날 필요로 한다는 진정 어린 제의를 져버릴 수 없었다. 8년간 지켜온 의리 같은 것이었던가. 아니면 이곳에 깊이 정이 들어버린 것이었을까.

1994년 도쿄에 갔을 때였다. 신주쿠 오모테산도에 갔는데 태닝을 하는 곳이 있었다. 젊은 직원들과 같이 자연스레 태닝을 해보았는데, 코인을 넣고 몸을 적당히 태우고 나서 샤워를 하니 기분이 좋았다.

나는 그 당시 담배를 안 피웠는데, 일본 사람들 중에는 애연가가 많았다. 거리에 여자들이 자전거를 타고 우산을 쓴 채 담배를 피우며 지나갔다. 마치 서커스라도 하듯 말이다. 샤워를 마친 내 옆에서 누군가가 후~ 하고 담배 연기를 내뿜는데 그 입 모양새가 너무 맛있어 보였다. 그 자리에선 입맛 다시며 바라만 보다 한국으로 돌아왔는데, 그 생각이 자꾸만 들었다. 그래서 한두 번 몰입해 담배를 피워보다가 기흉이 와서 병원행을 하기도 했다.

나이 먹어 늦게 배운 탓에 벌어진 우스운 에피소드지만, 그 맛을 알고 나니 지금까지도 담배를 피우게 된다.

나는 가슴에 뭔가 서글픔 같은 것이 있다. 술이 들어가면 감정이 몰리기도 한다.

'나는 누굴까? 다 똑같이 성장하고 똑같이 스물네 시간 속에서 놀기도 하고 즐거운 시간을 보내는데, 왜 나만 여기에서 이러고 있을까? 다른 일을 하면 어땠을까?'

다 자기만족인 것 같다. 연기하는 사람들은 한 번의 박수 갈채를 위해 밤샘 촬영을 한다.

"또 보고 싶어요. 어제 만나서 즐거웠습니다."

나는 손님들의 이런 말들에 힘든 건 까마득히 잊고 또다시 일을 한다.

만약 자식이 나와 같은 삶을 산다고 하면 어떨까. 이 일은 너무 힘들지만 나쁘진 않을 것 같다. 내가 오히려 자식에게 일에 대한 영감을 줄 수도 있고, 자식은 나보다 더 힘든 조건을 만들어 놓을지도 모른다. 더 큰 만족을 위해 부족한 것들을 스스로 채워갈 수 있도록 내 자식을 더 힘들고 가혹하게 훈련시킬지도 모르겠다.

다른 인생을 꿈꾸어본다는 것은 숨이 찰 만큼 지금 이곳에서 인내했다는 증거이기도 하다. 그런 다음에 담배를 피우듯 한숨을 길게 내뿜어보는 것이다.

모닝과 칸,
또 다른 생명이 내게 스며들었다.

나의 뮤즈
모닝과 캄

앞서 말했듯, 나는 수많은 보타이를 선물로 받는다. 다양한 색상, 촉감, 모양의 것들을. 그러나 가장 기억에 남는 선물은 보타이가 아니라 책이다. 그것도 '개'에 관한 책.

자식을 키워보면 알 것이다. 내가 갖는 것보다 내 자식에게 주는 것이 몇 배 더 행복하다는 사실을.

혹 '뮤즈'라는 말을 아시는지? 그리스 신화에서 유래한 이 단어는 보통 예술가가 영감을 얻는 원천을 뜻하는데, 이런 말을 하기는 부끄럽지만 나에게도 뮤즈가 있다. 바로 나의 반려견 모닝과 캄이다. 둘 다 하얗고 복슬복슬한 베들링턴테리어. 이 아이들은 내 소중한 가족이자 삶의 뮤즈들이다.

곱슬곱슬 말린 털과 쭉 뻗은 다리. 얼핏 보면 양처럼 생긴 아이들을 어떻게 기르게 되었냐는 질문을 자주 받는다. 한국에선 생소한 종이어서 더 그런 질문이 많은 것 같다. 특히 기르기 시작한 몇 년 전엔 더 그랬다.

나는 베들링턴테리어를 영국에서 알게 되었다. 6년 전쯤 여행을 하고 있을 적, 계절은 가을이었던 것 같다. 부드럽게 익어가는 낙엽을 바라보며 벤치에 앉아서 한가로이 신선한 토마토 향이 살아 있는 BLT 샌드위치를 먹고 있을 때였다. 멋스러운 트렌치코트를 입은 노부부가 종종걸음 치는 양의 목줄을 쥐고 산책하는 것이 보였다. 자세히 보니 양은 아니었다. 주둥이가 뾰족하고 털이 복슬복슬한 강아지. 그 걸음걸이가 어찌나 예쁘던지. 무의식중에 노부부에 다가가 말을 걸었다.

로랑,
WHO AM I
?

"이 아이의 종이 뭐죠?"

그때 들었던 단어. 지나가는 사람에게 펜을 빌려 어렵사리 그 이름을 종이에 적을 수 있었다.

"Bedlington Terrier."

나는 그 종이를 신주단지처럼 한국에 모시고 돌아왔다. 그 종을 찾으려 인터넷 검색을 하면서 혹 없으면 어쩌나 하며 어찌나 불안해했던지. 지금 생각하면 모닝을 만날 운명이었던 것 같다. 그렇게 모닝은 내게 왔다. 그리고 1년 후 혼자 있는 시간 동안 외로워하는 모닝을 위해 여동생 캄이 왔다.

　모닝과 캄으로 이름을 지은 경위는 이렇다. 처음 나는 굿모닝과 이브닝이라고 지었다. 그러나 발음이 어려워서 굿모닝에서 굿을 빼 '모닝'이라고 했고, 이브닝 역시 발음이 어려워서 '캄'으로 바꿨다. 둘과 그렇게 가족이 되었다.

일이 바쁜데 어떻게 개를 키울 수 있냐는 사람들에게 오히려 기를 것을 권하고 싶다. 나는 금쪽같은 휴일에도 이 아이들을 데리고 산책을 하고, 새벽같이 나와 일을 하면서도 짬짬이 집에 들러 밥을 준다. 아침엔 아이들의 키스를 받으며 출근을 하고 있다. 이 모든 것이 내게 삶의 균형을 만들어주었다.

　한 집안의 가장이 되면 더 책임감을 가지고 일을 열심히 할 수 있다. 그래서인지 아빠가 회사 책상 위에 아이들 사진을 올려두듯, 클럽 곳곳에 모닝과 캄의 흔적을 흩뿌려놓았다. 예를 들면 메뉴판. 메뉴판을 넘기다 보면 모노톤의 사진 몇 장을 발견하게 될 것이다. 소파에 앉아 있는 양 같은 생김새의 개가 담긴 그것이다. 쓰다듬는 감촉에 기분 좋은 듯 혀를 내밀며 웃고 있는 개의 옆모습이 담긴 사진은 정말 멋스러워 보인다.

　사실 이 자리의 원래 주인은 혀를 내밀고 있는 근육질의 검은 개였다. 클럽을 비롯한 모든 실내장식에 건축가 존 모포드 씨의 손길이 담겨 있다. 그러나 이 사진만큼은 내가 제안했다. 무서워 보이는 검은 개 대신에 지금 사진으로 대체하는 것이 어떻겠느냐고. 대답은 OK. 그래서 처음 한 자리 차지하고, 클럽에 걸려 있는 수많은 사진들에서 또 한 자리, 동물 인형들이 놓인 곳에 인형의 모습으로 또 한 자리, 매거진에 한 컷. 현재 아이들은 메뉴판에 흑백사진으로 등장하고, 클럽에서 가장 인기 있는 인형이자 키홀더의 모델이며, 다른 영화 주인공들과 함께 사진 액자에도 등장한다. 그리고 야외석 내 반려동물과 주인이 함께할 수 있는 서비스를 제공하는 아이디어에도 있다.

　　모닝과 캄은 그렇게 내 삶에 들어와, 내 일에까지 스며든 뮤즈가 되었다. 나는 그렇게 겹겹이 쌓인 아이들의 흔적을 보며 일하고 있다.

　　누군가 삶이 일로만 채워져 있어 쓸쓸하지 않느냐고 물을 때, 곧바로 이 두 아이가 떠오를 것이다. 혹 이곳 호텔과 클럽을 찾는다면, 나의 뮤즈인 이 아이들이 어디어디에 있는지 찾아보면 좋겠다.

점점 기억력이 떨어진다.
이유를 알 수 없다.
슬픈 일이다.

당신이
그 호텔리어
입니까?

23:10
호텔은 크지만 호텔리어가 돌아다니는 반경은
보통의 직장인들과는 비교도 안 될 만큼 좁디좁다.
그래서 그런지 호텔은 언제나 치열하며,
모든 사건들이 피부에 와 닿는다.
긴장을 풀지 말도록.

불이 꺼지기 전까지 우리는 생방송이다.
속도를 제어할 수 없는 레일에 놓인 기분이다.
아찔하지만 스릴 있다.

호텔리어,
무대 위의 배우들

늘 밝게 빛나는 삶을 위해선 가끔은 감정의 스위치를 끄는 시간이 필요하다.

> "우리는 돈 받고 일하는 직업 배우들이다. 속된 말로, 선수다. 그러면 알아서 해야 한다. 부모가 세상을 떠나도 알아서 마인드를 바꿔 현장에 나가야 한다. 직업 배우가 무대 위에서 대사를 까먹는 건 말이 안 되는 일이다."

무심코 읽은 중년 배우의 인터뷰에 가슴이 먹먹했던 기억이 있다. 그 배우가 하는 말의 무게를 알고, 또 공감하기 때문에. 어쩌면 호텔의 모든 직원들은 배우보다 더 철저한 배우여야 할지도 모르겠다. 단 몇 분의 장면을 위해 마음을 다잡을 수 있는 배우와는 달리, 매일 열 시간 이상 NG 없는 생방송을 위해 마음을 굳혀야 하니까. 그래서 마인드 컨트롤이 중요하다.

24시간. 그사이에 무수히 많은 일들이 일어난다. 나의 직장인 이 호텔, 이 아름다운 무대에서도.
    내 직장은 축복받은 일터다. 남산의 날개 아래에 위치한 이 유리 성은 특히 밤이면 화장을 한 여인의 얼굴처럼 아름다워진다. 색색의 보석이 쏟아지는 것 같은 야경과, 여가수들이 피아노 선율에 맞추어 노래를 부르는 로비 라운지, 바로 한 층 아래 파리스그릴의 오픈 키친에서는 주방장들이 솜씨를 뽐내고, 클럽엔 멋진 파티와 라이브밴드의 생음악에 취해 춤추는 사람들이 있다. 어쩌면 손님들에게 이곳은 스크린 속 꿈의 궁전이 현실이 되는 곳인지도 모르겠다.

    "매일 이런 곳에 있을 수 있다니, 정말 행복하시겠어요."

단골손님이자 나의 절친한 친구 K는 놀리듯 내게 묻는다.

    "물론이지요."

진심을 담아 대답한다. 이곳은 내 삶의 무대, 마음의 고향이다.

그러나 웃음의 끝이 씁쓸해질 때도 있다. 맛있는 음식, 음악, 멋진 사람들. 그것만이 이곳의 전부는 아니다. 분과 초 단위로 끊어지는 바쁜 스케줄, 매일 천여 명의 손님과의 만남, 파티 기획과 진행, 회의, 식음료 부서 부장으로서의 실적 관리 업무, 고객 만족, 교육 지원 등등. 나는 배우이자 시청률에 민감한 방송국 PD가 되어 파티의 흥행 여부에 촉각을 곤두세우기도 한다. 무대 위 배우 만큼이나 많은 역할이 이 호텔에 있다.

그런 것과 관계없이 호텔에 오는 손님들은 가끔 이곳에서 쉬고 위로받고 싶어 하는 사람들이다. 누구나 한결같이 각자를 기억해주면서 친절한 서비스를 해주기 원한다. 마치 배우에게 절실함이 담긴 연기를 원하듯이. 나의 목에 언제나 보타이가 있어야 하듯, 입가에 늘 미소가 머물러야 하는 것이다. 그런 만큼 철저한 관리와 감정 조절이 필요하다.

호텔리어의 일은 그 중년 배우의 말마따나 '살 떨리는' 일일지도 모른다. 그 배우의 인터뷰에 공감할 수 있었던 건, 나도 아마 그처럼 갈등했고 때로는 회의감을 느꼈기 때문이 아닐지.

'어쩌면 내가 너무 감정을 숨기고 산 것은 아닐까?'

일종의 강박관념 같은 것인데, 내 얼굴에 구름이 껴 있으면 손님들이 그 표정을 감지하여 내 감정을 눈치 챌 것만 같다. 그래서 더 감정을 감추게 된다. 물론 매일 날씨가 맑지 않고, 계절이 언제나 뜨겁지 않듯 감정도 지치고 힘든 날이 있다.

누구나 자신을 회복시켜줄 만한 채널들을 가져야 할 필요가 있다. 특히나 나처럼 매일같이 생방송 연기를 하고, 시청률을 고민하는 PD마냥 파티의 흥행을 고민하는 경영자라면 더더욱 그렇다.

사람이 살다 보면 안 좋은 일들을 겪기도 하는데, 가끔 너무 힘든 일이 닥치면 배우보다 더 슬픈 연기를 하는 나를 발견한다. 그런 때는 인생에 대해 되돌아보게 된다. 어찌 보면 그런 일들은 내가 이 자리에 있어서 일어난 일이 아니라, 내가 그들 곁에 있어서 일어날 수밖에 없는 것일지도 모르겠다.

멋진 배우로 사는 인생도 나쁘지만은 않은 것 같다. 물론 뒤에서 쓸쓸히 눈물을 닦아야 할 때도 있지만 말이다.

당신이
그 호텔리어
입니까
?

권위와 권위주의는 완전히 다르다.
권위는 남이 만들어주는 것이고, 권위주의는 내가 만드는 것이다.

안 먹던 음식을 처음 입에 넣고 웅얼거린 기억이 있다.
차마 목으로 넘기지 못했던 것이다.
새로운 걸 두려워하는 것은 당연하다.

거울 앞에서

어릴 적 호텔에 식사를 하러 가면, 예민한 성격 탓인지 소매를 걷어붙이고 일하는 직원들의 하얀 유니폼 소매 끝자락을 유심히 볼 때가 많았다. 그런 다음 커다랗고 긴 요리사 모자에 눈이 휘둥그레져 내가 먹는 음식이 대단하게 느껴지곤 했다. 주로 호텔에 식사를 하러 갔었기에 먹는 것을 제외하고 내가 그곳에서 관찰할 것이라곤 직원들의 옷차림뿐이었다.

내 어릴 적 생각들이 반영된 원칙이기도 하지만, 호텔에서 외모를 가꿀 줄 알고 복장에 대한 센스를 발휘하는 일은 필수인 것 같다. 나의 지인은 서비스업에 종사하면서 거울 앞에 있는 시간을 전보다 두 배로 늘리는 것을 자기 관리의 첫 번째 목표로 삼았다고 한다. 처음 그 말을 들었을 때는 그것이 어떤 의미인지 솔직히 잘 와 닿지가 않았다. 하지만 시간이 지나면 지날수록 그

의미를 자연스레 알 수 있었다.

사소한 것이지만 거울을 보다 보면 처음엔 어떤 스타일로 옷을 입을지 생각하게 된다. 자신의 스타일이기 때문에 조금만 생각하면 자연스레 가장 잘 어울리는 정답을 찾을 수 있다. 정해진 유니폼이 있다면 조금 수월하겠지만, 그것이 아니라 색상 코드로 정해야 한다면 너무 튀는 옷보다는 포인트로 살짝 자신을 부각시키는 것이 좋다. 나만의 상징인 색색의 보타이처럼 말이다.

    복장의 스타일을 결정하고 나면 이에 어울리는 헤어스타일을 고민하게 된다. 인턴 시절의 내 맥가이버 머리는 윗사람들의 관심을 받기에 충분했고, 의도한 것은 아니었으나 적어도 나를 기억하는 사람들에게는 도태되거나 폐쇄적인 사람이 아닌 스타일을 찾아가는 감각 있는 사람이란 느낌을 심어줄 수 있었던 것 같다. 지금 생각해보면 그때의 난 촌스럽고 어설펐지만, 어떤 스타일이건 자신과 어울리는 모양새에 더하기 1 정도를 해나가면 평범한 듯하면서도 세련된 스타일을 얻을 수 있다.

    헤어스타일이 정비되면 거울 앞에서의 작업은 거의 끝이다. 이제 다양한 표정을 지어본다. 계절에 따라, 나이에 따라 변하는 내 얼굴에 담긴 표정들 속에서 나는 상대방이 웃음 지을 수 있는 좋은 느낌을 찾는다.

    이런 한눈에 보이는 것들 외에 꼭 챙겨야 할 일은 청결이다.

예전에 제사를 모시는 집안의 며느리들은 음식 준비에 앞서 가장 먼저 몸가짐을 바르게 하고 목욕을 했다고 한다.

사실 이것은 그다지 드러나지 않는 것이라 허투루 하기가 쉬운데, 이것이 제대로 갖춰지지 않으면 어떻게 하든 음식의 격이 떨어짐을 느낄 수밖에 없다. 결벽증이라기보다는 일에 대해 완벽을 추구하는 것이다. 어린 나의 눈에 최고의 요리를 만드는 셰프의 옷소매가 청결하지 못하거나 옷매무새가 좋지 않았다면 멋진 음식도 긴 요리사 모자도 그다지 멋있거나 위엄 있어 보이지 않았을 것이다.

그러니 일하기에 앞서 거울을 보라. 마치 연예인이 된 것처럼 살짝 웃으면서 말이다. 손에 옷의 감촉을 느끼면서 오늘의 나를 감싼 멋진 포장과 하나가 되어야 한다.

오늘 내 보타이는 푸른 체크무늬이다.

"당신의 보타이에서 여름이 느껴져요."

자신만의 외모와 복장을 늘 스스로 관리하면 이렇게 느낌까지 서비스할 수 있다.

사람들의 이야기에 귀 기울여보자.
조금 더 진지하게 내 일처럼 생각해보자.
그것이 기본이다.

손님과의 인연은
오픈 마인드에서 시작된다

어느 여름, 일본인 관광객 세 여성이 로비 이곳저곳을 둘러보고 있었다. 말을 걸어보니, 다른 호텔에 묵고 있는데 한국 스타일 자장면이 너무 먹고 싶어서 왔다는 것이다. 곧바로 중식당에 문의했다.

> "죄송합니다만, 마침 오늘 점심에 자장면이 다 나가서 재료가 떨어져 주문을 받을 수가 없어요."

이렇게 허탕 치고 돌아가며 아쉬워하는 그들을 모른 체할 수 없었다.

> "저와 같이 가시죠. 우리 호텔 자장면이 맛있는데 오늘은 재

료가 다 떨어졌다고 합니다. 제가 호텔 근처 이태원에 있는 맛있는 레스토랑을 알고 있으니, 그곳으로 안내해드리겠습니다."

그들과 함께 호텔 근처의 레스토랑으로 갔고, 그들은 그곳에서 맛있게 식사를 했다. 그러고는 감사한다는 말을 침이 마르도록 하고 숙소로 돌아갔다.

일본이 우리나라와 가깝기도 하니, 그들은 자주 친구들과 여행을 온다. 그날의 인연으로 서울에 올 때마다 그들은 무조건 우리 호텔에 머문다. 맛있는 곳을 찾아다니는 사람들이었기에 내가 그들에게 보인 관심이 너무나 큰 만족을 주었던 모양이다.

언젠가는 다른 호텔에 묵는 손님에게 브로치 하나를 준 적이 있다. 그 선물 하나로 그 손님은 우리 호텔의 고객이 되었다. 이런 인연은 꼬리를 물어 오랜 손님에게서 여러 장의 귀한 음반을 선물받는 일도 있었다.

이런 일들은 무엇 하나 계산해서 한 것이 없다. 관심을 갖고 있다가 내가 좋아서 한 일들이 그러한 결과를 낳은 것이다. 다만 여기에다 하나 갖추어야 할 것이 있다면 커먼센스다.

머리 좋은 사람들이 너무나 많은 시대이다. 아이큐까지 어릴 때부터 관리되고 만들어져 그런지 젊은이들은 학습 능력이 뛰어나고 아는 것이 정말 많아 보인다. 하지만 인간관계는 가르치고 배우는 데 한계가 있다. 인간관계에는 환경적 요인이 많은 영향을 미치는데, 그것은 단순히 만들어진다기보다 자신을 기꺼이 열어놓는 오픈 마인드여야 얻을 수 있다.

　내 느낌과 감정은 그대로 고객들에게 전해지게 마련이다. 자신의 일을 좋아하고 일에 애정이 있어야 품격 있는 서비스가 나온다. 이것은 관심을 갖는 일에서 출발하며 고객에게 사랑한다고 진심으로 말할 수 있을 때 완성된다.

　인연이라는 것은 어디서 어떻게 올지 모른다. 그래서 더 오픈 마인드가 중요하다. 우리나라 사람들은 호화 유람선 여행을 할 때 둘만의 시간을 보내길 원하지만 외국 사람들은 다르다. 배 위에 있는 동안은 모두가 서로에게 관심을 가지고 친구가 될 수 있다. 그 시간 동안 세상에 몇 안 되는 부호를 친구로 사귈 수 있을지도 모른다. 내 주변에 그리고 내 손님에게 관심을 가져보자.

나는 누군가를 소개한 후 크게 걱정을 하는 편이 아니다.
인연이란 소개를 하는 사람에게 있는 것이 아니라 당사자들에게 있는 법이기 때문이다.

아무튼 그에게 가보게

하루에 천여 명 이상의 사람을 만난다. 호텔은 손님을 맞이하는 곳이다. 특히 이 호텔에는 전 세계 각양각색의 사람들이 모인다. 그중엔 클린턴 전 미국 대통령을 비롯한 외국의 귀빈들도 있고, 아름다운 배우들과 비즈니스맨들, 피로를 풀기 위해 클럽을 찾은 직장인들도 있다. 오랜 시간 이곳에서 일하다 보니 많은 친구들이 생겼고, 가끔은 가장 넓은 인맥을 가진 호텔리어라는 과분한 찬사를 듣기도 한다.

인터뷰어들은 호기심 어린 목소리로 물어오곤 한다.

"어떻게 그런 분들과 친구가 될 수 있었나요?"

나는 빙그레 웃으며 대답한다.

"영업 비밀이에요."

깍듯한 매너, 현란한 말솜씨, 유창한 외국어 실력, 풍부한 교양…. 부끄럽게도 이런 것들과 거리가 먼 나는 가끔은 장난스럽게 대답하곤 한다. 실제로 저렇게 말할 정도로 거창한 비밀이 있는 건 아니다. 다만 닮으려 노력하는 사람은 있다. '모모'다.

미하엘 엔데의 소설 《모모》의 주인공인 모모는 빼빼 마르고 조그마한 소녀다. 모모는 어느 날부터인가 잡초가 무성하게 자란 극장에 혼자 살기 시작하는데, 마을 사람들은 이런 모모에게 음식과 옷가지를 가져다주는 등 여러 도움을 준다. 그러나 나중엔 마을 사람들이 소녀를 만난 것을 커다란 행운이라 생각하게 된다. 그즈음 마을엔 이런 유행어가 생긴다.

"아무튼 모모에게 가보게."

마을 사람들이 고민에 빠지거나 위로를 받아야 할 때 듣는 말. 이 소녀가 좋은 조언을 해주는 현명한 아이이거나, 즐거움을 주는 재주를 가졌기 때문은 아니었다. 이 아이는 대신에 누구도 따라 할 수 없는 재주를 가졌다. 바로 다른 사람의 말을 잘 들어주는 것이다.

'그게 무슨 특별한 재주람.'

소설 속 글귀에 나는 미소 지었다. 이 문구를 떠올리면 아직도 남몰래 미소가 지어진다. 마치 다른 이들은 모르는 비밀을 누군가와 은밀히 공유하는 사람마냥. 왜냐하면 그것은 정말이지 깨닫기 전엔 모르는 특별한 재능이기 때문이다. 특히 호텔리어라면 더더욱.

사람들은 왜 화술을 잘 말하는 것이라 생각할까? 또 특별한 비결이 있다고 생각할까? 화술은 잘 말하는 것도 아니고, 특별한 비결이랄 것도 없는데. 진정한 화술이란 잘 들어주는 것, 상대방을 이해해주는 것, 조금 더 깊게 말하면 상대방의 사생활을 존중해주는 것이 아닐까. 아마 모모라는 소녀의 비결도 그게 아니었을까 생각한다.

호텔을 찾는 손님이 호텔리어에게 바라는 화술은 특별한 것이 아니다. 호텔을 찾는 손님들의 목적은 다양하다. 비즈니스 방문이거나 연인과 사랑을 나누기 위해서, 혹은 앓는 속을 풀기 위해서일 수도 있으며, 새로운 인연을 만나기 위해, 또는 그저 춤과 음악, 호텔의 음식을 사랑하기 때문인지도 모른다. 그러나 손님들 대부분에겐 공통점이 있다. 한 사람의 개인으로 오는 것이지, 어떤 지위나 사회적 역할을 가져오는 게 아니라는 것이다. 그러니 호텔에서 일어나는 모든 일은 개인의 사생활이고, 또 내게 털어놓는 모든 말과 행동은 나를 믿고 하는 것이다.

클럽을 운영하다 보니 가끔은 손님들이 술을 마시고 속마음을 털어놓을 때가 있다. 이때도 나는 내가 무언가를 말해주려 하기보다, 그저 잘 들어주려 노력한다. 호텔리어에게 멘토의 조언을 바라지는 않을 테니까.

"아무튼 그에게 가보게."

이런 말을 듣지는 않지만 손님들이 간혹 내게 자신의 속마음을 털어놓는 것은 아마 나를 믿어주어서가 아닐까, 그리고 그것을 스펀지처럼 빨아들이는 것이 우리의 역할이 아닐까 생각하곤 한다.

어쩌면 그런 면에서 호텔은 병원과 비슷하다. 손님들은 이곳에서 치유를 바란다. 그러니 우리는 마치 정신과 의사들이 환자의 비밀을 지키는 선서를 하는 것처럼 그 말을 보호해주어야 하지 않을까.

물론 힘들지는 않느냐고 묻는다면 아니라고 대답할 순 없다. 임금님 귀가 당나귀 귀라는 사실을 안 이발사에겐 대나무 숲이라도 있었지만 내겐 그런 게 없다. 가끔은 몰려든 비밀들에 물먹은 스펀지처럼 마음이 무거워질 때도 있다. 그러나 사실 그것조차도 배부른 투정일 것이다. 대신 나는 다른 부작용에 대해 말하고 싶다. 가끔은 나도 모르게 카사노바가 된다. 손님들 사이에서

삼각관계, 혹은 오각관계 이상의 주인공이 되는 것이다. 가끔은 자신의 이야기가 나를 아는 다른 이에게 흘러가지 않을까 하는 조바심에 날 사이에 두고 미묘한 신경전을 벌인다. 그런 말을 들을 때마다 가끔은 나도 죄 많은 남자구나 싶어 헛웃음이 나올 때가 있다. 이 자리를 빌어서 손님들의 그런 걱정은 모두 기우임을 밝히고 싶다.

호텔리어로서 겪는 거친 경험은 훈장과 다름없다.
살아남는다면, 아마도 모두 부러워할 것이다.

호텔리어 인생의 밑천은
기회와 경험

호텔경영학을 전공하면서 가슴속에 담아둔 호텔리어의 꿈을 위해, 피치 못하게 누나에게 금전적인 지원을 받았다. 언젠가는 호텔리어가 되어 근무하고 싶다는 바람을 누나는 설핏 알아주었다. 그래서인지 지금도 누나는 나의 버팀목이다.

    호텔경영학과에 들어가 공부를 하며, 하루라도 빨리 현장에 나가고 싶어 했다. 답답한 강의실이 우선은 싫었고, 교수들이 자기 클래스의 월급을 받기 위해 사무적으로 시간을 때우는 강의라는 느낌을 받았기 때문이다. 나는 조금은 당돌한 학생이었던 것 같다. 또 교수들이 호텔의 고급 시스템을 이론으로만 아는 건 아닌지, 그러한 것을 몸으로 느껴보고 자주 먹어보면서 저런 강의를 하는지 의심이 가기도 했다. 알다시피 교수라고 해도 그런 여유가 있는 사람이 많지 않기 때문이다.

그러던 차에 1986년에 호텔에서 인턴을 뽑는다고 하여 학교는 겨우 1년 정도 다닌 상태에서 누나에게만 말을 하고 지원했다. 와서 보니 호텔 사람들이 거의 외국인이었는데, 왠지 나에게 잘 맞을 것 같았다. 그때 인턴으로 나를 채용했던 사람이 미국인이었는데, 지금은 본사 부사장이 되었다. 또 내 사수이기도 했던 매니저가 나를 잘 봐주었다.

"미스터 구, 내가 볼 때에는 그 헤어스타일도 그렇고, 자네가 굉장히 눈에 띄거든. 춤도 잘 추고 끼도 많고 말이야."

<small>당신이 그 호텔리어 입니까?</small>

나는 이곳이 왠지 모르게 좋았다. 문을 연 지 이제 겨우 8년 남짓한 곳이었지만 유리 성 같은 외관이 아름다웠다. 처음 면접을 본 곳이 여기였고, 남산이라는 위치도 좋았고, 로비에 팔각정이 있는 것도 멋스럽게 느껴졌다. 내가 어릴 적 가보았던 다른 호텔과 비교가 되었고, 이곳에서 꼭 일하겠다는 욕심이 생겼.

입사를 하고 인턴이 되어 7개월 정도 다른 사람들처럼 접시와 글라스도 닦고 이런저런 허드렛일을 하고 있었다. 그해 12월 31일에 사수이며 매니저였던 그가 정년퇴임을 하게 됐다. 그런데 돌연 그가 내게 감투를 씌웠다.

"미스터 구는 테크닉도 있고, 끼도 있고, 여러 가지로 가능성이 많으니 호텔에서 베버리지를 한번 담당해봐. 음료 트롤리."

"저 안 할래요. 음료 카트 끄는 걸 제가 어떻게…. 그것도 1층 커피숍에서."

"아냐아냐. 자네가 잘할 것 같아서 그래. 우선 한번 해보고 그다음부터 일주일씩 교대로 해봐. 스케줄은 내가 짜놓을 테니."

그분 덕에 운 좋게도 나는 남들보다 먼저 새로운 도전을 할 수 있었다.

반면 견디기 힘든 적도 많았다. 그때만 해도 웨이트리스는 윗사람들이 욕도 많이 하고 거친 말로 사람을 다루던 시절이었다. 사회생활을 일찍 시작한 사람들이 많다 보니 어쩌면 자연스레 그런 분위기가 생겼는지도 모르지만, 내가 그런 환경에서 자라지 않아서 그런지 거친 분위기는 어색하고 불편했다. 반면 거기서 얻은 교훈이랄까 다짐도 있다.

'나는 가급적 거친 말을 입에 담지 않으리라.'

그러다가 1987년 가을 즈음 특급 호텔에서 서비스 기능 경진대회가 열렸다. 처음으로 시범 종목에 오른 '서비스 인 호텔리어'가 있었고, 그 종목에 내가 호텔 대표로 나가게 되었다. 서울시의 대표이기도 했다.

공부도 하지 않고 끼 하나로 나갔는데, 가보니 스파르타식으로 훈련된 S호텔, H호텔의 내로라하는 인재들이 한 사람씩 나왔다. 반면 우리 호텔은 외국계 기업이라 그랬는지 훈련시키거나 가르쳐주고 내보낸 것이 아니었다. 예를 들어 와인. 혼자 공부하고 있으면 사수 한 분이 근무가 끝나고 나서 아주 조금 가르쳐주는 게 전부였다. 룸을 하나 잡아서 3개월간 대표로 내보낼 인재를 그 분야 전문가들이 훈련시켰던 다른 호텔들에 비하면 참으로 비교가 되었다.

그러나 나는 거기서 300만 원이라는 상금을 거머쥐며 입상을 했다. 단순히 누군가의 가르침으로 얻어지는 것들에는 겉으로 보이지 않는 한계가 있음을 깨달은 경험이었다.

나는 무엇을 얻으려고 대회에 나간 게 아니었다. 접시를 닦던 나에게 하나씩 둘씩 주어지는 기회를 경험의 축적이라 생각하며 그저 한 발씩 밟아나갔을 뿐이다. 이것은 지금 내 호텔리어 인생의 밑천이기도 하거니와 호텔의 값진 거름이기도 할 것이다. 조금은 고된 이 경험들은 나와 호텔 서비스의 뿌리가 되었다.

서비스업에서 장인 정신은 오랜 경험에서 나온다. 장인 정신이 깃든 명품이 오래도록 사랑받듯, 오랜 경험을 쌓은 직원은 호텔의 귀한 재산이 된다. 만학도처럼 진정 하고 싶어서 하는 사람들과 오래 함께하는 것이 가족 같은 분위기의 호텔을 이끄는 데 중요할 것이다.

　근속년수가 길어지면 내부적으로는 직원들 서로 간에 눈빛만으로도 무엇을 말하려는지 알게 된다. 외부적으로는 고객들이 원하는 것들을 쉽게 파악할 수 있고, 고객의 가족까지도 기억할 수 있으며, 마케팅에 리피트 고객으로 활용할 수도 있다. 그래서 우리 호텔은 이런 만학도들에게 경험이 더 쌓이도록 질 좋은 많은 교육으로 보답하고 있는 것이다.

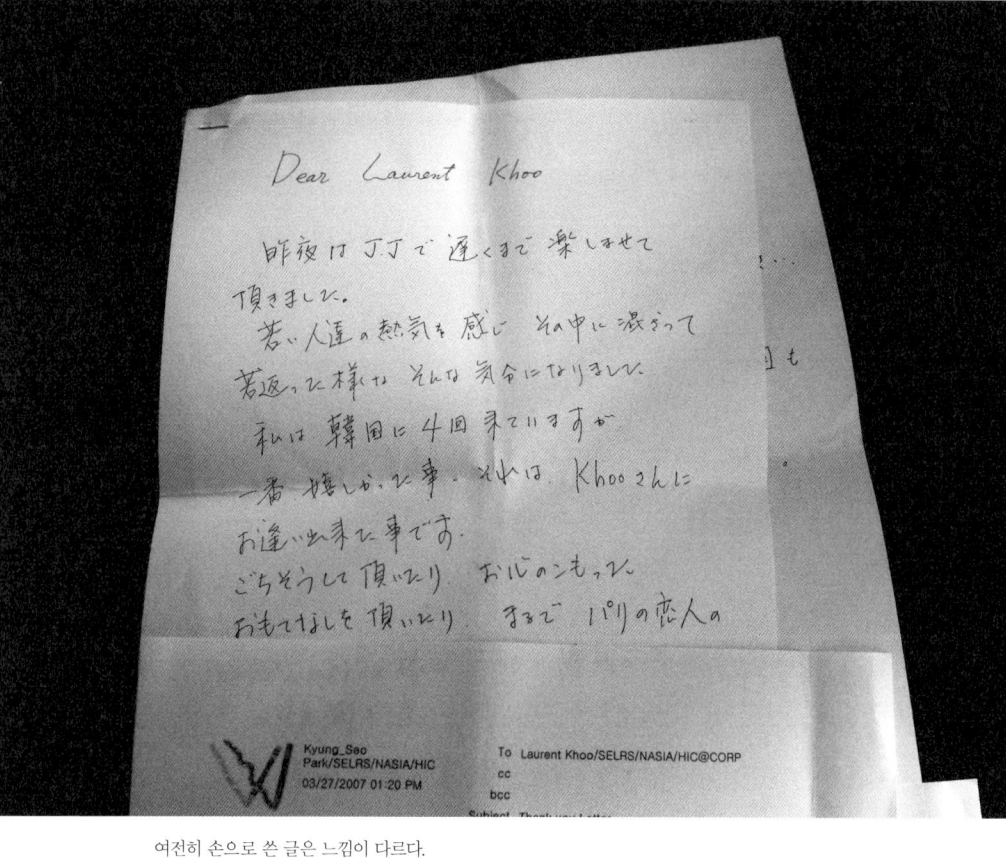

여전히 손으로 쓴 글은 느낌이 다르다.
적어도 나는 그렇다.

칭송 레터 뒤의 호텔 직원들

잘못은 쉽사리 표가 나는데, 잘한 일은 잘 드러나지 않는다. 하물며 손님에게 칭송 레터를 받는다는 것은 얼마나 어려운 일인가. 특히나 각박한 요즘 세상에서 칭찬받기도 쉽지 않지만 남에게 칭찬할 줄 아는 사람을 만나기가 힘들지 않은가. 그럼에도 종종 손님들의 칭송레터를 받을 때에는 나 혼자 공을 가로채는 건 아닌지, 직원들에게 고맙고도 미안한 감정이 든다.

손님들이 호텔에 머무는 24시간 동안 이용하게 되는 서비스에 늘 심혈을 기울일 수밖에 없다. 손님을 만족시킨다는 것은 마치 가족 모두가 합심해 한 아이를 키워내는 일과도 같다. "한 아이를 키우려면 온 마을이 필요하다." 이런 아프리카 속담이 있다. 한 손님의 만족을 위해서는 호텔의 모든 직원들이 필요하다.

모든 경기는 타인과의 경쟁이며, 실제로 뛰어난 스타플레이어 한 사람의 힘이 팀 전체의 성적을 좌지우지할 수 있다. 하지만 호텔의 경우는 다르다. 어떤 스타플레이어로 인해 한 호텔이 성공하고 있다고 말한다면 그것은 100퍼센트 거짓말이다.

 손님들과 직접 대면하는 위치에 있던 나는, 내심 손님들이 호텔을 찾는 것이 모두 나만의 공이라고 생각했던 적이 있다. 그러나 어느 날 손님들의 칭송 레터와 컴플레인 레터를 보게 되었고, 그것으로 깨달은 바가 있었다.

 호텔에서의 일은 혼자 잘나서 이루어지는 것이 아니다. 모든 서비스 중 단 하나만 부족해도 꿈의 궁전은 와르르 무너진다. 손님들은 하루 호텔에 묵으면서 객실을 이용하고 로비, 라운지, 식음료 등등 다양한 서비스를 찾는다.

 '오늘 하루 좋았어.'

 손님이 이렇게 생각하게 하려면 이와 관련된 모든 사람들의 노력이 필요하다.

가령 컨디션이 그다지 좋지 않은 직원이 서빙을 맡았다 치자. 손님은 술에 취해 자신의 요구 사항을 막 퍼부어놓고는 기억조차 못한다고 치자. 직원이 손님의 요구에 응하여 맞춰줬으나 기억을 못하는 손님은 자기는 그렇게 요구한 적이 없다며 손사래를 친다. 컨디션이 별로인 직원은 난감한 상황에서 자신도 모르게 미간을 살짝 찌푸리게 된다. 그러면 그걸 본 손님과 일행들 머릿속에 이전에 받았던 질 좋은 서비스가 다 잊히고, 직원의 찌푸린 인상이 취한 정신과 함께 잔상으로 남을 것이다. 다음 날 이 손님은 그대로 지나칠 수 없는 기분 나쁜 감정에 사로잡혀 컴플레인 레터를 집어 든다.

"저는 어제 클럽에서 부당하게도 술에 취해 억지나 쓰는 사람인 양 취급을 당하고 있다는 느낌을 받았습니다. 담당 직원은 L이고, 다시는 이곳을 이용하는 일은 없을 것입니다."

반대로 손님들에게 칭송 레터를 쓰게 하려면, 좋은 컨디션과 함께 기본 수준에서 100배는 더한 친절이 필요하다. 직원 모두가 손님의 입장이 되어야 하는 것은 당연지사고, 거기에 손님과 교감하면서 손님의 취향과 마음을 꿰뚫고 있어야 한다.

코가 막힌 사람들에게 캐모마일의 은은한 향기를 맡아보라 하면 맡아지겠는가. 나뿐만 아니라 직원 모두가 향기를 맡게 하려면, 맡은 것처럼 연기라도 하게 하려면 얼마나 많은 교감을 해야겠는가. 한 손님이라도 만족시키려면 이렇게 교감을 통한 강한 팀워크가 이루어져야 하는 것이다.

오늘도 손님들에게 칭송 레터를 받는 모든 직원들에게 진심으로 감사와 경의를 표한다.

로랑의
사람들

가장 중요한 것은 사람이다. 나도 예외일 수 없다.
나를 아끼는 것이 그들을 아끼는 것이다.
좋은 분들을 많이 만났다. 행운이고,
그들을 아끼는 것이 나를 아끼는 것이다.

화려하지 않으나 감동을 풍기는 존 모포드의 디자인.
여전히 사람에게 배우는 가장 좋은 방법은 그 사람을 바라보는 것이다.

타임리스의 아름다움
_건축가 존 모포드

1988년 무렵 호텔은 내부 개보수 작업으로 분주했다. 매니저로서 바삐 움직이던 나의 먼 시야에 그가 들어왔다. 아트피스 등이 제자리를 찾으려 하는 분주함 속에 그가 있었다.

"소파는 이쪽에 배치하고,
이 액자는 우선 이 벽 앞에 세워두고…"

그의 말 한마디에 소품들이 제자리를 찾아가는 게 참 신기했다.
'왜 이걸 여기에 이렇게 배치해야 할까?'
그의 작업에 이런 의문을 제기할 자신조차 나에게는 없었다. 그만한 실력도 없고 풍성한 감각도 없었다. 호기심도 없었다. 그때 나는 매니저면 좋은 거였다.

그는 객실, 프런트, 입구, 조경, 룸, 식당, 스파, 수영장 등 여러 작업을 맡아 했다. 채소샐러드에 드레싱까지 뿌려서 먹어야 여러 맛이 어우러져 제맛이 나듯이, 그때 호텔은 그가 요리해주길 기다리는 풋풋한 채소였다.

'저분은 뭐하는 사람일까?'

40대 중반쯤으로 보이는 그에게서 어떤 남다른 포스가 느껴졌다… 고 하면 거짓말일 테다. 그때는 신경 써서 그를 볼 여유가 없을 만큼 정신없이 바빴다.

그러다가 문득 떠올랐다. 그전 해 테라스에서 베버리지를 맡고 있을 때, 보타이를 매고 자주 들르던 사람 중 하나였다. 보타이를 맨 손님이 몇 안 되어서 기억할 수 있었다.

그런 그가 인테리어 부분뿐만 아니라 조명 등 설계 부분까지 아우르는 세계적인 건축가라는 사실은 그때는 상상조차 할 수 없었다.

클럽 오픈 후에야 그와 서로 알게 되었다. 당시 내가 지배인으로 일할 때 그는 설계 도면을 보고 공사 현장을 체크하기 위해 자주 왔다 갔다 했다. 왕성히 활동하던 시기라 가까이 범접하기 어려운 사람이었음에도 그는 클럽 오픈에 기꺼이 참석했다. 그때 자연스럽게 그도 나를 알게 되었다.

예전에 클럽 자리에 카프리스라는 나이트클럽이 있었다. 라이브밴드가 있고, 실내에 작은 분수가 있는 여느 나이트클럽과 비슷한 곳이었다. 1988년부터 공사가 시작되었는데, 그의 손길을 거쳐 밴드와 DJ가 있는 전형적인 한국적 나이트클럽에서 지금의 클럽으로 변모하게 되었다.

완공 2개월 전쯤 윤곽이 나오기 시작했는데, 그때부터는 정말 흥분이 되었다. 밥 짓다가 뜸을 들이며 밥이 되길 기다리는 심정, 중요한 일이 있는 날에 거기에 맞는 새 옷을 사두었다가 꺼내 입는 기분이었달까.

변화한 클럽의 자태는 경탄 그 자체였다. 출입구가 멋있었다. 클럽으로 내려가는 엔트런스entrance 중앙. 꽃으로 꾸며져 있고, 바닥은 모두 나무, 나무 바닥 위로 큰 사이즈의 페르시안 카펫이 깔리고, 대리석의 큰 화분이 카펫 위에 장식되어 있었다. 최고급 외국 호텔의 로비를 보는 것 같았다. 마치 로마 시대의 예술 작품처럼 사람을 압도하는 느낌 또한 대단했다.

클럽의 아일랜드 바 전등갓이 앤티크인데, 이런 앤티크 전등갓이 이곳에 네 개가 있고 화장실 입구에 또 두 개가 있었다. 지금은 깨져서 없지만 아방가르드한 것으로, 지금 유행하는 아르데코 스타일이기도 했다.

'그 옛날 어떻게 저런 과감한 시도를 했을까?'

아일랜드 바에 일반적인 LED 등을 썼다면 절대로 안 어울렸을 것이다. 그 당시 작업한 다른 인테리어는 지금도 거의 다 남아 있다. 바꾼 게 있다면 천 갈이 한 번 정도?

그가 설계한 호텔에서 가장 마음에 드는 곳은 로비이다. 로비를 설계할 때 그는 동양적인 맛을 살렸다. 그리고 12미터 이상 되는 창을 써서 실내에 있으면서도 외부를 다 볼 수 있게 탁 트인 전망을 연출했다.

그 누가 한국적인 이미지를 이토록 잘 녹여낼 수 있었을까. 그이기 때문에 가능했다고 본다. 심장을 압도하는 매력적인 높은 천장과 창밖으로 펼쳐지는 서울 시내의 뷰는 내가 이곳 호텔에서 생활한 지 30년이나 됐음에도 들어설 때마다 아직도 설레게 한다.

나의 일과 그의 일은 전혀 다르기도 하고 연결되어 있기도 하다. 나는 있는 사람을 다루는 사람이다. 반면 그는 아무것도 없는 데서 새로운 뼈대를 만드는 사람이다. 나는 그가 만든 뼈대를 유지하기도 하고, 있는 사람들의 힘을 빌려 살을 붙이면서 호텔에 재미를 더한다.

존 모포드 씨에게 공감되는 철학이라면 '타임리스'이다. 호텔은 1988년도 스타일 그대로고, 25년이나 지났음에도 질리지 않고 여전히 좋게 느껴진다. 시간이 지나도 마음의 고향에 있는 것처럼 편안한 색채감과 누구도 감히 흉내 낼 수 없는 세련미…. 건물이 아니라 작품이다. 이 작품에는 무엇으로도 바꿀 수 없는 귀한 장인의 노고가 서려 있다.

J.J.MAGAZINE
Magazine of J.J. Mahoney's at Grand Hyatt Seoul
Number 0 **Gold Issue**
October | 1999

00

피터 윌쇼의 응원으로 만들어진 00호 매거진.
부정적인 이야기는 가능을 불가능하게 할 때도 있고, 긍정적인 이야기는 불가능을 가능케 할 때도 있다.
나 또한 긍정의 힘을 믿는다.

함께하고 싶은 사람, 닮고 싶은 사람
_ 호텔 경영자 피터 월쇼

"하지 마라."

완벽을 추구하는 대부분의 부모가 아이에게 가장 많이 하는 말이다. 어딘지 모를 아이의 미숙함과 어리석음이 그들을 못 견디게 하는 것이다. 하지만 미숙하고 어리석어 보이는 아이가 어른보다 더 어른 같을 때가 있다. 어른들에게서는 볼 수 없는 반짝이는 면을 보일 때도 있다. 사실 아이의 미숙함과 어리석음은 부모의 눈으로 본 노파심일 뿐, 그런지 아닌지는 판단할 수 없다.

 피터 월쇼. 그는 "하지 마라"는 말을 하지 않는다. 그처럼 오픈 마인드를 갖는다는 것은 말처럼 쉬운 일이 아니다. 소통을 위해 말을 아끼는 것일 수도 있다. 누군가는 말로 응대하고 말로 다그쳐 그 자리에서 뭔가 얻어내야 한다고 할지 모르나 그것은 일시적일 뿐이다. 가끔은 그에게 날 조정하는 리모컨이 있어 나 스스로 일을 더 열심히 하게 하고 그를 더 아끼게 하는 것 같다. 그렇게 그는 소통을 위한 소통을 하는 사람이다.

    1991년 호텔에 올 당시 그는 최연소 총지배인이었다. 영국 신사다운 젠틀한 매너와 조용한 목소리로 던지는 위트…. 그를 만나본 사람은 모두가 그를 좋아하게 된다.

그와 처음 만난 날을 잊을 수 없다. 따뜻한 첫인상과 멋진 콧수염이 인상적이었다. 복장은 남달리 스타일리시했는데, 컬러가 난무하는 게 아니라 적절하게 조화되고 절제되어 그와 고급스럽게 어울렸다.

    외국인 상사를 모시는 게 어렵지 않느냐고 더러 묻는 사람이 있다. 아니, 내게는 오히려 그를 모시는 게 행운이었다. 그는 자상하고 꼼꼼하며 예의범절과 배려가 몸에 배어 있고 무엇보다 모든 직원들을 다 잘 챙겨준다. 일하는 모습을 보면 올곧은 강인함이 느껴지기도 한다. 또 그는 늘 책을 가까이 하고, 한국의 역사를 한국인보다 더 많이 안다.

    호텔의 보일러 폭발 사고 때였다.

"미스터 구, 다들 이렇게 힘들어서 되겠어?"

아이스크림을 한 봉지 내밀며 그가 나에게 말했다. 나와 클럽 직원들은 야외에 텐트를 치고 불침번을 서면서 사고 소식을 모르고 찾아오는 손님들에게 상황을 설명하고 있었다. 그 사고로 우리는 냉장고도 없이 3개월간 더위와 싸우며 고생해야 했다. 어찌 보면 군대보다도 더 가혹했다. 그런데 고생스러운 순간에서도 직원들이 더 똘똘 뭉칠 수 있었던 건 그가 있어서였다.

그는 24시간 호텔에 상주하며 직원들의 노고를 상부에 사실보다 더 사실처럼 알려 직원들에게 힘이 되어주었다. 상사가 직원의 노고를 아무렇지도 않게 가로채기도 하는 요즘 세상에서 보기 드문 일이었다.

그가 호텔을 그만두면 같이 그만두겠다고 할 사람이 많을 만큼 직원들은 그를 따른다. 물론 나 역시 마찬가지다. 그는 노조도 있는 이곳에서 투명하게 경영하는 것이 진리임을 알고 있는 사람이다.

그는 인간적이기도 하다. 직원들을 직원으로만이 아니라 한 인간으로 대한다. 내가 아팠을 때는 매일같이 병원에 들러주었다. 부모가 아파도 매일 병원에 가보는 것은 어지간한 효심이 아니면 어려운 일이 아닌가. 누워 있는 내내 그에게 늘 고마웠다. 지금도 잊을 수 없다.

그는 내가 무엇을 시도할 때마다 긍정적으로 봐주었다. ××

호 매거진을 만들 때 가장 먼저 그에게 말을 했는데, 다른 일로 바쁜 와중에도 적극적으로 지원해주었다.

그는 "하지 마"가 아니라 "해라"라는 말로 동기부여를 해준다. 배우고 싶은 부분이다. 리더로서 군림하는 게 아니라 능동적으로 일할 수 있도록 에너지를 끌어내주는 그의 내공 또한 나는 배우고 싶다.

훌륭한 리더는 유머가 풍부해야 한다고 했던가. 그는 빗대어 위트 있게 유머를 구사하는데, 대화가 원활해질 뿐만 아니라 한 마디 한마디에서 세련미까지 느껴진다.

이정표 하나하나를 보며 달리는 느낌은 네비게이션에 목적지를 입력한 후 달리는 것과 너무나 다르다. 이정표를 보면서 달리면 진짜 감각과 영감으로 움직이게 되기 때문이다. 이젠 그 대신 내가 부하 직원들에게 감각과 영감을 불러일으켜야 할 입장이 되었다.

'그처럼 할 수 있을까? 단 한 명의 직원이라도 나를 그처럼 생각해준다면 얼마나 기쁠까?'

이런 생각을 하면 정신을 바짝 차리게 된다.

모든 일을 완벽하게 컨트롤하는 사람일수록 과중한 스트레스를 받을 것이다. 그는 휴일이면 호텔을 떠나 할리데이비슨을 타고 서울 근교 곳곳을 질주한다. 반갑게도 내가 자주 가는 '트래픽'이라는 바에 들른 적도 있다고 한다. 우연이라도 그와 연결되어 있다고 생각하면 매우 행복하다. 이런 그야말로 꿈의 상사가 아닐까?

서로 부족한 부분을 보완하는 것이 동료들이 해야 할 일이다.
호텔은 많은 직원들이 가족처럼 그렇게 서로를 위하는 거대한 공간이다.

여러모로 나의 멘토
_ 그랜드 하얏트 서울 전무 안성연

이 호텔에서 일한 지 19년 된 안성연 전무의 역할은 총지배인과는 조금 다르다. 엄마처럼, 내무부장관처럼 그는 모든 직원을 내적으로 살뜰히 챙긴다. 정 많은 사람이라 그 일에 더 적역인 것 같다.

그의 성실한 하루는 새벽 다섯 시 출근과 동시에 운동으로 시작된다. 일에 있어서 그는 규칙을 중요시하고 매우 이성적인 사람이다.

일을 하다가 판단이 서지 않을 때가 더러 있다. 테마 파티에서 발생하는 비용에 대해 상부에 보고하기 조심스러울 때가 대표적이다. 이럴 때 그와 의논한다. 그러면 그 비용이 꼭 필요한 것인지 아닌지 판단할 수 있고 일의 전체 윤곽도 그릴 수 있다. 그는 거의 나를 지지해주는 편이라, 늘 내 편인 것 같아 마음 편하게 이야기할 수 있다.

　　호텔에서 일하며 일과 가정생활 사이에서 균형 잡고 사는 게 쉽지 않다. 하지만 그는 자기 관리가 얼마나 철저한지 가정생활도 잘한다. 가끔 손녀 자랑을 늘어놓기도 하는데, 그때마다 호텔도 가정도 잘 꾸려가는 그의 모습에 감탄한다.

　　내가 입원했을 때 그는 총지배인과 매일같이 병원에 방문해 주었다.

　　"아유, 전무님. 이제 그만 오셔도 돼요."
　　"당신은 호텔 사람이야. 호텔 사람이 아파 누워 있는데 어떻게 안 올 수 있나."

방문을 말려도 끝까지 나를 챙기는 그를 보면서, '이분은 천생 호텔 사람이구나' 생각했다.

　　그는 정이 많다. 싱글로 혼자 지내는 내가 항상 맘에 걸리는지, 밥은 먹었는지 귀찮을 정도로 묻고 가끔 밥을 사준다. 쉬는 날에도 전화해서 안부를 묻는다.

　　"밥은 먹고 쉬어야 해."

정직하고 정이 많고 아부하는 것을 싫어하고 'Yes'와 'No'가 명

확해, 호텔이 어려울 때는 현실을 감추는 게 아니라 오히려 일깨워준다. 직원들에게 공개해 직원들과의 신뢰를 바탕으로 현명하게 돌파구를 모색하는 것이다. 그렇게 그의 리더십엔 가식이 없다. 어쩌면 그만큼 자신이 있는 걸지도 모르겠다.

그는 인상이 참 좋다. 온화한 품성이 인상에 그대로 드러난다. 하지만 모든 면이 완벽할 수는 없나 보다. 스타일링 부분은 나의 코치를 받는다. 스타일링에 대해서라면 나의 말을 무조건 귀담아듣는다. 나보다 어른이지만 귀여울 때가 많다.

어느 날 전무 사무실 인테리어가 너무 딱딱해 보인다고 얘기한 적이 있다. 그러자 그는 곧 라운드형으로 바꾸고 물었다.

"당신의 조언대로 라운드형으로 바꾸니 사무실이 훨씬 아늑해 보이는 것 같아."

그는 진정한 호텔리어다. 또한 그는 나의 훌륭한 멘토다. 호텔리어로서 꼭 닮고 싶은 점이 있다면, 직원들을 항상 주시하면서 코멘트하고 피드백을 잊지 않는다는 것이다. 고객에게는 때로 노련함으로 때로 매직 워드로 대하는 점도 닮고 싶다.

그는 사회, 경제, 문화 전반에 대한 이해가 빠르고 사람들과의 공감 능력도 뛰어나다. 총지배인과의 커뮤니케이션이 정확하고 호흡이 잘 맞는 것도 그런 이유 때문일 것이다.

호텔에는 멘토링 프로그램이 있는데, 주로 입사 5~7년 차 미만 직원들이 신청한다. 서로 다른 부서끼리 멘토와 멘티 관계를 맺기 때문에 얻을 수 있는 게 많다.

나 또한 그분처럼 멘토가 되었는데, 가끔은 멘티들에게 어려운 상황에 맞선 경험들을 들려주기도 한다. 어떻게 이 자리에 올랐는지, 그러기 위해서 무엇을 느끼고 무엇을 알아야 하는지 그들이 궁금해할 만한 이야기도 들려준다. 때로는 라이프 스타일, 테이블 매너, 힐링, 맛집 등등 소소한 이야기를 해주기도 한다.

이 시간은 부서 간 컴플레인을 자연스럽게 알아갈 수 있고 잘못을 고쳐나가는 계기도 된다. 이때마다 나의 멘토였던 그가 떠오른다.

'안 전무님에게 받은 것들을 멘티들에게 얼마큼 전할 수 있을까.'

자신이 할 수 있는 일과 할 수 없는 일을 아는 것이
그 어떤 일보다 어려울 때가 있다.

아카사카의 벽면을 가득 채운 봉투 가면.
좋은 레스토랑을 운영하기 위해서 맛에 대해 민감한 것은 큰 메리트다.
박경선 차장은 그런 면에서 탁월하다.

자극하고 보듬어주는 멋진 나의 동료
_ 박경선 차장

여성의 시선과 남성의 시선은 뭔가 다르다. 여성의 시선에는 섬세함이 묻어 있다. 제품 디자인을 할 때도 컬러를 결정하는 시점에서 여성의 시선을 많이 반영한다. 구매 고객이 남성일 때도 그렇다. 여성의 섬세하고도 예리한 눈은 남성의 무엇을 자극한다. 이런 감각적이고 섬세하고 예리한 시선은 배우기가 쉽지 않다.

시선의 중요성을 알게 해준 멋진 동료가 있다. 바로 호텔의 일식당 '아카사카'와 중식당을 책임지고 있는 박경선 차장이다.

일식당은 맛뿐만 아니라 멋에서도 섬세함이 요구되는 곳이다. 테이블 매트 하나를 세팅할 때도 단순히 예쁜 것이 아니라 고풍스러움과 격조를 고려해야 한다. 아카사카의 곳곳에는 박경선 차장의 섬세한 손길이 담겨 있다.

나는 아침형 인간과는 거리가 멀다. 심야 시간대에 주로 일을 하면서 자리 잡힌 습관이다. 가끔 회의 시간이 앞당겨져진 날이면 내 하루가 큰 차질을 빚는다. 이에 반해 그는 아침형 인간이라 하루 스케줄이 바뀌어도 능수능란하게 대처한다. 그리고 그때마다 나에게 의리 있는 동료가 되어준다.

그는 차가워 보이지만 정이 많다. 누나같이 나를 챙겨준다. 아파서 식사를 못하고 일하는 날이면 살며시 다가와 툭 치며 한마디 던진다.

"밥 먹고 해요. 그러다 쓰러진다고."

나와 그는 동료이기에 가까이에서 서로를 지켜본다. 그는 자신을 낮출 줄 알고, 아량도 있는 사람이다. 그러면서도 공과 사의 구분이 확실하다.

그는 아랫사람과 냉정해 보일 수 있을 정도로 솔직하게 커뮤니케이션을 한다. 예를 들어 테이블크로스 하나가 제대로 세팅되어 있지 않으면 날카롭게 지적한다. 그래서 그런지 아카사카는 늘 잘 관리되어 있다. 예민한 일식의 세계가 그녀를 그렇게 만든 것인지, 예민한 그녀이기에 아카사카를 그렇게 잘 관리할 수 있는지는 잘 모르겠다.

호텔 건물이 아무리 좋고 호텔 방이 넓고 티브이와 욕조 같은 시설이 좋아도, 직원 한 명이 불친절하면 모든 것이 허사가 된다. 호텔이 꿈의 궁전이 되려면 한 가지만으론 부족하다. 손님이 편안하려면 하우스메이트가 있어야 하고, 편안한 식사를 위해 셰프, 위생사, 스튜어딩 부서가 있어야 한다.

  모든 것은 통합에서 나오는 것이다. 손님은 룸에만 머물다 가지 않는다. 손님이 움직이는 모든 공간과 그 공간에서 받는 느낌은 호텔 전체의 인상을 좌우한다.

  이런 것들을 그와 나는 끔찍할 정도로 잘 알고 있다. 그래서 그와 나는 윈윈$^{\text{win-win}}$의 관계다. 둘 중 하나도 흔들리지 않도록 서로 살피고 받혀주는 사이다. 박경선 차장. 그는 은근히 숨어 나에게 내공을 발휘하는 멋진 동료다.

제1의 전성기를 함께 열어간 신명 대표.
지금처럼 함께라면 제2의 전성기도 기다려진다.

존재만으로도 든든한 나의 파트너
_ 홍보대행사 '커뮤니크' 신명 대표

일을 하다 보면 존재 자체가 든든한 사람이 있다. 그런 그는 백그라운드 역할을 하면서 손발을 척척 맞추어 일해내며 눈부신 속도로 기획을 실행으로 옮긴다.

나에게도 그런 사람이 있다. 칼럼니스트였고, 지금은 홍보대행사 커뮤니크의 CEO로 기자와 기업 간 다리 역할을 하고 있는 신명 대표이다.

90년대 중반부터 그는 이 호텔에서 일했다. 그 당시 나는 그와 같이 호텔에서 황금기를 보냈다.

90년대 중반부터 2001년까지의 5년은 클럽의 황금기였다. 당시 주변에 리츠칼튼의 닉스앤녹스, 힐튼의 파라오가 있었지만, 이곳처럼 직원과 손님이 혼연일체가 된 곳은 없었다. 프라임 골든 타임에 많은 공을 들였기 때문이다. 이 때문에 즐기러 오는 많은 손님들에게 인기를 얻었다. 이 황금기에 신명 대표와 나는 서로에게 기회가 될 수 있었다.

일에 관한 아이디어를 내면, 그는 어느새 발 빠르게 홍보를 해주었다. 내가 '이것이 좋지 않나', '이런 것은 어떨까' 주저리주저리 정리되지 않은 생각을 늘어놓으면, 그는 '바로 이거다' 싶은 아이디어의 핵심을 낚아채서 바로 펜과 전화를 들었다.

그때부터는 포장을 하거나 리라이팅을 시작하는데, 그는 퇴근 시간이고 뭐고 아랑곳하지 않고 일했다. 일의 몰입도가 얼마나 대단한지 30분에서 한 시간 안에 일을 모두 끝낼 때도 있었다. 자그마한 체구 어디에서 그런 괴력이 나오는지 가까이 지켜보면서도 놀랄 때가 많았다. 신뢰를 안 할 수가 없는 사람이다. 메일을 보내도 3초면 답이 온다. 광고와 홍보는 속도가 생명이라고 하지만….

1994년 내가 차장으로 클럽과 파리스그릴을 맡고 있었을 때, 그는 홍보부 팀장이었다. 그와 나는 궁합이 잘 맞았는데, 둘의 궁합으로 이뤄낸 대표적인 성과를 말하라면 단연 '스타예감'이다.

2000년 당시 클럽에서는 중국 배우를 불러와야 했다. 중국 영사관과의 통화가 꼭 필요했다. 전화 한 통화 하는 게 뭐 그리 어렵냐 하겠지만, 그 당시엔 외국 특히 중국과의 교류가 폐쇄적이었고 절차가 복잡했다. 홍보부에서 도와주지 않으면 아무것도 할 수 없는 상황이었다.

그를 찾아가 상의했더니 "알았다"는 말 한마디 후 아는 사람들을 총동원하여 일을 순식간에 진행시켰다. 그 당시 우리가 작업한 중국 배우는 가수 겸 모델이고 영화배우인 후빙이었다. 그때 홍보부 팀장이었던 신명 대표는 《스타의 밤》,《꽃밭에서》 등 일간지에 쉽게 접근하고 아이디어를 내어 1면에 홍보를 해주었다.

그는 일의 이해와 속도만 빠른 게 아니라 홍보 시점을 정확히 파악하는 직관력과 홍보력도 있다. 능력 있는 사람들을 만나보면 대부분 겸손하다. 그 또한 본인을 낮추는 사람이다. 자신을 낮추면서 다른 사람의 장점을 부각시켜주는 사람이다.

"당신이 없으면 난 앙꼬 없는 찐빵이야."

호텔을 그만두고 홍보회사의 대표로 자리 잡은 지금도 그는 나와 끈끈한 관계를 유지하고 있다.

고전적이며, 아름답다.
뜨겁고도 행복하다.

인연은 이렇게도 온다
_ 주얼리 브랜드 'H.R' 박혜라 대표

"This is my home!"

원년 멤버에서 단골손님이 되고, 고객으로 만나다가 자연스레 친구가 된 사람이 있다. 6개월 정도 클럽에 즐기러 오다 자연스럽게 친구가 되었다. 그는 전형적인 동양 여성의 이미지에 편안함과 세련미가 공존하는 사람이다. 그때도 그랬지만 지금도 20대 젊은이들이 더 그를 좋아한다. 그는 바로 주얼리 브랜드 H.R의 박혜라 대표이다.

처음에 그는 친구들과 놀러 왔다. 그것이 계기가 되어 그 후부턴 자기가 좋아하는 음악의 LP 음반을 가져와 DJ에게 틀어달라고 하기도 했다. 그것이 그와 내 인연의 시작이었다.

그는 '미스 JJ'다. 자신이 좋아하는 음악을 클럽에 선물한다.

그와 처음 만났을 때 그는 외국통이었다. 반면 그 당시 나는 외국 경험이 많이 부족했다. 그런 나에게 그는 자신이 아는 감각적인 것들을 많이 나눠주었다.

욕심쟁이처럼 자기 혼자만 아는 게 아니라 다른 사람들에게 알리고 퍼뜨릴 때 비로소 정보의 가치는 돋보이게 된다. 그는 그런 점을 아는 사람이었다.

그는 패션 리더였다. 어느 날 그가 단발머리에 '아디다스 트레이닝복' 차림으로 클럽에 나타났다.

'아니, 웬 트레이닝복? 아디다스는 또 뭐고?'

이런 내 생각과 트렌드는 반대로 움직였다. 아디다스 트레이닝복 차림은 꼬리에 꼬리를 물어 그 당시 트렌드의 선두주자가 되었다.

그녀의 멋진 감각은 시간의 흐름을 타고 주얼리 쪽으로도 향했다. 지금은 주얼리 쪽으로 진출해서 다양한 작품을 내놓고 있다. 바쁜 와중에도 클럽의 주얼리 장식뿐만 아니라 《J.J. 매거진》을 위해 꼼꼼히 스타일링해주고 있다. 근래엔 샤넬의 패션 스타일링까지 하고 있다니, 얼마나 마당발이며 재능 있는 사람인지 짐작하고도 남을 것이다.

그와 나는 때로 친구이기도 하고 때로 연인이 되기도 한다. 가끔 여행을 같이 가기도 하는데, 함께 다녀도 전혀 불편하지 않다. 그나 나나 휴식을 위한 여행을 추구하기 때문에, 서로를 귀찮게 하지 않는다. 노트북이나 아이패드를 펼쳐 자기 일을 보기도 하고, 각자 하고 싶은 일을 하기도 한다. 여행에서 돌아올 때까지 속좁게 굴거나 토라지는 일이 없다.

그의 친구들도 그와 비슷하다. 성격이 시원시원하고 감각이 좋다. 자연스레 우리는 모임을 만들어 이어오고 있는데, 모임 이름은 '어차피'이다. 이 이름 하나에 많은 것이 담겨 있는 것 같지 않은가. 이름만 봐도 이미 많은 것을 공유하는 것처럼 보인다.

그는 댄스 플로어 개장 때 가장 먼저 나타나 누구보다 좋아하며 자리를 빛내준 손님이었다. 인연은 이렇게도 오는 것이다. 그는 이제 누구와도 바꾸기 싫은 나의 동반자가 되었다.

새벽 두 시. 잠도 오지 않고 뭔지 모를 허전함이 밀려온다. 나도 모르게 그에게 전화를 걸어본다. 이런 시각 전화 통화를 할 수 있는 사람이 있다는 건 참으로 행복한 일이다.

"무슨 일 있어요? 잠이 안 오는구나."

같은 시간 같은 세월을 보낸 사람.

뛰어난 사람 중에는 훌륭한 인품을 가지고 있는 사람이 많다.
히딩크와 그의 연인도 그런 사람이었다.

먼저 찾아주는 사람
_축구 감독 거스 히딩크와 파트너 엘리자베스

"오늘은 비빔밥이 먹고 싶은데."

히딩크 감독의 파트너 엘리자베스의 부탁으로 인사동으로 향했다. 호텔에 있는 시간이 많았던 엘리자베스는 종종 이런 부탁을 하곤 했다. 이런 부탁은 나와의 관계를 더 돈독하게 했다.

엘리자베스는 히딩크 감독을 잘 코치하는 사람이었다. 순종적인 것 같으면서도 해야 할 말을 제대로 잘 전달하는 매력이 있었다. 나는 엘리자베스와의 친분으로 히딩크 감독과도 자연스레 가까워졌다.

히딩크 감독은 처음에는 축구협회에서 제공한 롯데호텔에 머물렀었다. 롯데호텔에 있으면서 아웃도어와 테니스코트 그리고 룸 디자인에 답답함을 느끼던 찰나, 우리 호텔에서 식사를 하게 되었는데, 식사가 마음에 들었는지 룸을 보고 싶어 했고 이 일을 계기로 엘리자베스와 함께 스위트룸에서 1년 반 동안 머물렀다.

2001년부터 2002년 월드컵 끝날 때까지 머문 방은 이 호텔의 특성상 크진 않지만 아늑했다. 그는 아늑한 분위기를 좋아했던 것 같다.

월드컵 시즌인지라 호텔에서는 히딩크 감독에게 많은 배려를 해주었다. 파리스그릴의 오더 마감 시간이 밤 10시 30분인데, 그는 12시가 되도록 늦게까지 식사를 하는 경우도 있었다.

히딩크 감독은 먼저 찾아주는 사람이었다. 우리나라 사람들은 대부분 어디 가서도 호텔 직원들을 먼저 찾아주지 않는다. 백악관에서도 감사의 편지를 쓰는 외국 사람들과는 다르다. 친구를 가리거나 직업을 가지고 차별하지 않는 것이다. 사실 이것은 비즈니스의 기본이다.

그는 친구를 가리거나 사람을 차별하지 않고 삶에 군더더기가 없는 사람이었다. 그의 인터뷰를 봐도 알 수 있다. 정해진 멘트를 하는 것이 아니라 상황에 맞게 솔직하게 표현하지 않던가. 그러니 팀을 잘 이끌 수밖에 없지 않았을까.

"오늘 선수들의 컨디션에 비해 결과가 좋았습니다."

월드컵 때의 그는 단군 이래 우리나라 사람들에게 기를 가장 많이 불어넣은 사람인 것 같다. 그는 그라운드 밖에서 보는 것만으로도 움직이게 하는 마력을 지녔다. 천생 지도자이며, 나도 그에게서 많은 영향을 받았다.

나는 그가 있는 동안 세 가지는 잊지 않고 하려고 노력했다. 편안함을 제공할 것, 떠날 때까지 불편이 없도록 할 것, 떠나도 볼 사람임을 기억할 것.

우리나라 사람들은 겪어보면 좀 냉정하다. 포용력이 약하고 심지어 부부의 연으로 살다가도 헤어지면 남보다 못한 사이가 된다. 훌륭한 지도자는 인연의 끈을 놓지 않는다. 따지고 보면 인연이라는 것이 어떻게 이분법적으로 맺거나 아니면 끊거나 하는 것일 수 있을까.

그의 파트너 엘리자베스는 아직도 내 생일에 카드를 보내온다. 내가 좋아하는 보타이도 선물해주고, 집으로 놀러 오라고 말하기도 한다. 가고 싶은 마음도 있지만, 케어받는 것보다 케어해주는 데 익숙한 나를 알기에 매번 정중하게 거절한다.

올 6월에 히딩크 감독은 한국을 또 방문한다. 그러면 나는 여느 때처럼 웰컴 드링크를 먼저 대접할 것이다. 히딩크와 엘리자베스는 긴 비행에 피곤해도 30분 정도는 나와 얘기를 나눌 것이다. 늘 그렇듯 도시락 정식을 간단히 먹으며, "어느새 1년이 지났네요" 하면서 나의 안부와 가족의 안부를 물을 것이다. 다음 날 스케줄이 없으면 클럽에서 와인도 한잔 할 것이다.

히딩크와 엘리자베스는 헤어져 있었던 1년도 엊그제처럼 느끼게 하는 사람들이다. 그 시간 동안의 어색함이 없이 계속 찾아주는 고마운 사람들이다. 월드컵 기간 중 3월 어느 날 아이스링크가 수영장으로 변신하는 걸 보며 그가 나에게 속삭이던 말이 떠오른다.

"This is the magic!"

소소한 배려가 큰 기쁨이 되는 것처럼
소소한 칭찬이 큰 행복이 된다.

호텔의 모든 일은 각각의 일을 하는 사람을 통해서 완벽해진다.
어떤 일이더라도 그렇다.
하우스메이드도 그렇다.

자기 프레임 밖 세상에서 살다
_ 하우스메이드 그녀, 이기자

지위의 높고 낮음은 전체라는 큰 틀에서 보면 아무것도 아니다. 모든 자리는 각각의 세포처럼 자기 역할을 하며 움직이는 것일 뿐이다.

작아 보이지만 큰일을 하는, 호텔에서 없어서는 안 될 사람이 있다. 야근을 하면서도 늘 즐겁게 일하고 건강하게 일하는 사람, 보는 사람들을 행복하게 만들고 직원들에게 귀감이 되는 사람. 바로 이기자 하우스메이드이다.

힘들게 청소를 하다가 나와 눈이 마주치면 이렇게 묻는다.

"왜 이렇게 힘들어 보여?"

작년 9월 초였던 것 같다. 경기도 안 좋고 대선도 얼마 남지 않았고 뭔가 신나는 일도 없던 때였다. 70이 넘었고 나보다 더 육체적으로 힘든 일을 하는 사람에게 그런 말을 들으니 왠지 모르게 미안한 생각이 들었다. 나약한 뒷모습을 보인 것 같아 자존심이 상하기도 했다.

그녀는 나보다 더 씩씩한 사람이다. 나 말고도 또 누가 기운이 없나하며 직원들을 살뜰히 챙긴다. 고구마를 쪄 와서 맛이라도 보라고 건네기도 하고, 식사를 거른 것 같아 보이는 날엔 직원 식당에서 샌드위치를 챙겨 나에게 주기도 한다. 친구에게 농담하듯 손님들 얘기도 여과 없이 들려주곤 한다.

그녀의 강점은 연륜에서 나오는 침착함이다. 그 침착함은 일을 할 때 십분 발휘되며, 그 침착함으로 상대방을 주의 깊게 살펴 칭찬과 격려를 아낌없이 하기도 한다.

그녀는 청소만 하는 게 아니라 바쁜 와중에 다른 직원들처럼 유니크 셀링 포인트 unique selling-point 를 만들기도 한다. 고객과 호텔을 연결하기도 하고, 클럽의 티켓을 사주기도 한다.

메이드 일을 하면서도 항상 웃음이 떠나지 않는다. 그녀는 언제나 긍정적이다. 그러니 주변 사람들도 즐겁다. 화장실을 지저분하게 쓰는 손님에게조차 짜증을 내지 않는다.

'저런 사람이 있어야 내가 먹고 산다.'

이런 마인드를 갖고 있다. 돈이 곧 행복이 아니다. 행복의 질은 일이 주는 만족감이 좌우할 수 있다. 이런 사실을 그녀는 몸소 느끼게 해준다.

호텔에 있다 보면 직원 실수로 손님 옷에 뭐가 묻게 되는 일이 종종 일어나는데, 그 자리에서 바로 물어내라고 하는 사람들이 많다. 각박한 현실을 깨닫게 되는 순간이다. 한편 이런 생각도 든다.

'이런 사람일수록 통장 잔고가 마이너스거나 곧 마이너스가 되지 않을까?'

"아유, 이거 얼마짜리인 줄 알고나 이래요?"

옷의 가격을 먼저 얘기하는 사람도 있다. 우리나라 사람들은 유독 고소를 남발하고 산다. 그렇게 한다고 해서 얻어지는 게 뭘까? 손해를 좀 보면 어떤가.

하우스메이드 이기자는 그런 면에서 볼 때 귀감이 되는 사람이다. 자신뿐만 아니라 자신 밖의 것들도 애정을 갖고 살필 줄 알며 아끼고 보살피기까지 한다. 그런 마음의 넉넉함은 직원들에게 기대고 싶은 울타리가 되게 한다.

나 자신에게서 한 걸음 나와 세상을 살아가는 하우스메이드 이기자의 지혜. 잊지 말아야 한다. 스스로를 프레임 안에 가두고 살아서 좋을 것이 없다.

함께 나이가 든다는 것.
나는 호텔이란 곳이 그런 곳이어야 한다고 믿는다.
얼마나 자연스러운가.

편안함에 위로받는
심야식당처럼

호텔리어들은 근속연수가 짧은 편이다. 2~3년마다 직장을 옮기기도 하고 그만두기도 한다. 요즘은 손님들 보기 좋게 젊고 예쁜 사람으로 빨리 교체하는 것이 트렌드인가 싶을 때도 있다. 그런 의미에서 우리 호텔은 좀 다르다. 나만 해도 근속연수가 25년이 넘어가고, 그보다 더 오래 다닌 사람들도 많다.

누군가는 '정체되었다'고 말할지도 모르겠다. 근속연수가 오래되다 보니 직원 임금도 다른 호텔 업계보다 높고, 한곳에 붙박이인 것이 남들 눈엔 답답하게 보일 수도 있겠다. 하지만 그로 인해 얻는 장점은 크다. 손님들을 마치 가족만큼이나 잘 안다는 것이다.

많은 손님들이 이 호텔을 찾는다. 맛있는 음식, 편안한 숙소, 화려한 파티, 직원들의 매너… 한때 손님들이 호텔을 찾는 이유를 이렇게만 생각했던 적이 있다. 물론 이런 것들은 정말 중요하다. 그렇지만 다른 호텔이나 레스토랑에서도 얻을 수 있는 것일 수도 있다.

지금은 이 호텔만이 가진 특별한 게 한 가지 더 있다고 생각한다. 손님들이 어떤 음식을 좋아하는지, 자녀는 몇 명인지, 기념일은 언제인지를 아는 오래된 직원들이다. 일본 만화 《심야식당》을 봐도 그렇다.

심야식당은 밤 12시에 열린다. 눈 위에 흉터가 있는, 뭔가 과거가 있을 것 같은 주인장과 손님들이 복작복작 서로의 얘기를 심야식당에서 자연스럽게 나누면서 이야기가 전개된다.

심야식당에서 내놓는 요리는 누구나 만들 수 있는, 그저 평범해 보이는 것이 대부분이다. 요리도 그렇고 어디서나 볼 수 있는 허름하고 작은 식당인데, 이상하게 그곳을 한번 찾았던 손님들은 편안함이 주는 매력에 쉽게 단골이 된다.

《심야식당》을 읽은 사람들은 심야식당 같은 곳이 실제로 존재하기를 바란다고 한다. 나도 가끔은 그런 곳의 단골이길 꿈꾼다. 왜일까? 묵묵하고 의연한 주인이, 손님들의 마음을 진정으로 알아주기 때문이라고 생각한다. 심야식당의 주인은 시시콜콜 손님의 사정을 묻지 않으면서 관심을 가진다. 그 정도로 손님과 교감하려면 감도 있어야겠지만 상당한 시간을 들여야 한다.

언젠가 이런 일이 있었다. 잘 알고 지내던 부부가 파리스그릴에서 식사를 하고 있었다. 그런데 그 부부가 올 때마다 곁에서 뛰놀던 아이들이 보이지 않았다. 부부는 여느 때처럼 서로를 향해 작은 소리로 속삭이며 이야기를 나누고 있었다. 나는 아무것도 모른 채 그들에게 다가가 물었다.

"아이들은 어디 있나요? 오늘은 동석하지 않았네요."

그 순간 부부는 놀라움과 추억이 공존하는 듯한 묘한 표정을 지었다. 많은 시간이 지난 후에야 알았다. 부부가 서로 이별 이야기를 나누고 있었다는 것을. 그리고 우연히 내가 건넨 한마디가 그들에게 가족을 떠올리게 했다는 것을.
'아, 이 사람이 우리 가족을 아는구나.'
호텔에서 즐겼던 행복한 기억과, 그걸 알아주고 지켜봐주었던 직원들. 그 이후 그 무수한 기억의 파편들이 이혼 결심을 돌아보게 하여 이별을 막을 수 있었다는 이야기를 다른 지인에게서 들었다. 나에게 호텔에서 오래도록 부부를 지켜볼 기회가 주어진 것이 천만다행이고 감사한 일이란 생각이 들었다.

유행을 선도하는 것도 좋고, 새로운 것들을 받아들여 변화하려는 것도 좋다. 그러나 사람 관계라면 이야기가 달라진다.

사람들은 누군가 자신을 알아준다는 사실 하나에 때로 큰 위로를 받는다. 호텔을 찾는 손님들에게 그런 위로를 주려면 직원들은 깊은 맛의 젤리처럼 또는 늦가을에 곱게 익은 홍시처럼 농익어야 할 필요가 있다.

그런 의미에서 호텔의 오랜 직원들은 귀한 사람들이다. 그 자체로도 훌륭한 호텔의, 또 손님들의 데이터베이스가 되는 것이다. 나는 그런 이유로 호텔의 단골손님이 만들어지는 것이고, 앞으로도 계속 그렇게 될 거라고 믿는다.

호텔이라는 심야식당을 찾는 손님들은 맛있는 음식, 화려한 파티 이전에 자신의 말에 귀 기울여주고 자신을 지켜봐주는 사람이 있는 공간을 원한다.

컴퓨터의 데이터로 남아 있는 손님의 정보가 호텔의 매출에 얼마나 도움이 될까?
진짜 호텔의 힘은 얼굴을 대면하는 호텔리어에게서 나온다.

미래의
호텔리어에게

02:45
다시 인생을 산다고 하더라도
호텔리어의 삶을 포기하지 않을 것이다.
이만큼 즐겁고, 이만큼 박진감 넘치는 일은
세상에 없을 테니까….

내가 호텔에서 머문 시간은 내가 호텔에서 머물 수밖에 없도록 만든 시간들이었다.
그러나 그 시간 덕분에 행복했음으로 나는 호텔에 더 머물고자 한다.

앞으로의 나의 도전

채소, 즉 베지터블은 '생명을 주다' 또는 '생기를 돋우다'라는 뜻의 라틴어 '베게레^{vegere}'에서 유래한다. 그러니 채소는 '영원히 열망하고 갈망하며 열정을 불태운다'는 말과도 같다. 이것이 내가 채소를 좋아하는 이유이기도 한데, 싱그러운 채소를 보노라면 나도 모르게 다듬고, 맛보고, 느끼고 싶은 충동이 저절로 인다. 또한 재배에도 자연스레 관심을 갖게 된다. 사랑하기에 어떻게 자라고, 어떻게 자라야 하는지 관심이 가는 것이다. 착하게도 이들은 나에게 한없이 샘솟는 열정을 준다.

    도전에는 근원이 있어야 열정을 더할 수 있다. 즉 도전의 뿌리가 있어야 한다. 무작정 덤벼드는 일은 오래가기가 힘이 들고, 좌절과 상처를 안겨주기 십상이다.

    호텔은 내 젊은 날을 보낸 곳이다. 접시 닦는 일이 고되게 느꺼질 때도, 정신없이 바쁘다 뉘엿뉘엿 넘어가는 해를 바라보던 순간에도 호텔은 늘 내 곁에 있었다. 호텔은 나에게 끊임없는 노력과 도전을 권했고, 나는 순간의 땀방울을 그저 쾌락으로 여기며 소매를 걷었다. 일하되 정신은 늘 가득한 열정으로 깨어 있고자 노력했고, 이로 인해 멘티에서 멘토로, 그리고 어린 나이에 빠른 승진의 기회를 얻으며 이 자리까지 오게 되었다.

시간을 반추해보면 후회스러운 부분도 있는데, 그것은 대부분 내 의도와 상관없이 했던 일들에서 비롯되었다. 어떠한 일이건 내 의견을 스스로 존중해야 한다. 때문에 새로운 것을 모색하고 새로운 것에 도전하기를 즐기는 나는 늘 심사숙고할 수밖에 없다. 끊임없이 스스로에게 질문을 던지는 것이다. 도전에 앞서 내가 좋아서 하는 것인지, 내가 할 수 있는 것인지, 얼마큼 잘할 수 있는지 이 세 가지를 고려한다. 그렇게 해도 사람인지라 실수도 하고 어려움도 겪지만, 진실과 용기를 잃지 않으면 목표에 이르게 되는 것 같다.

나의 외도는 이 안에서 이루어지는 하나의 도전이다. 그 도전에는 더 나은 그리고 오래가는 클럽과 파리스그릴 더 나아가서는 호텔이 되길 바라는 나의 염원이 담겨 있다.

20년을 이곳에서 근무한 사람이 눈물을 보이며 속 이야기를 털어 놓은 적이 있다. 그 이야기를 묵묵히 듣고 그보다 더 힘들게 조언을 했는데, 내 말이 가식이 아닌 진실이었음을 안 그는 훗날 다시 날 찾아오기도 했다. 오히려 기억하지 못하는 나를 의아해하기도 했다. 이런 사람이 있는데 어떻게 바깥세상이 더 화려하다고 이곳에서 나갈 생각을 할 수 있겠는가. 오히려 난 이 안에서 많은 것들을 배운다. 상대가 위든 아래든 나이가 많든 적든 상관없이 날 성장하게 할 사람이라면 주저하지 않고 손을 잡는다. 늘 그래왔듯 성장을 위해서라면 촉각을 세울 것이다.

    나는 채소에게서 열정을 얻는다. 이제 그 열정을 새로운 호텔리어에게 나눠주리라.

대를 이어서 만나는 고객이 있다.
그의 아버지와 비슷한 아들을 볼 때,
시간은 정말 거꾸로 가는 것 같다는 생각을 해본다.

이곳 클럽의 시간은
인연과 거꾸로 가지 않는다

"요즘 예전 같지가 않단 말이야."

단골손님들이 투덜거릴 때가 있다. '손님도 예전 같진 않거든요.' 속으로 이렇게 맞받아칠 때도 있지만, 한편 웃음이 나기도 한다. 이곳을 마치 오래된 애인이나 부부처럼 생각해 투정을 부리는 것처럼 들리기 때문이다.

세상은 너무나 빨리 변해서 20대 때는 잘 드나들었던 곳도 30대가 되면 가기 주저하게 되고, 40대가 되면 완전히 발길을 끊기도 한다. 하지만 이곳은 1988년 6월 중순 개장 때부터 우리를 찾아주었던 손님들과 지금 막 발을 들인 20대 손님들이 함께 앉아 있는 게 어색하지 않은 장소다. 이곳의 존재 이유, 그것이면 충분하지 않을까.

가끔 이곳이 한물갔다는 말이 들려온다. 이제 여기보다 다른 어느 곳이 더 최신 유행이고 물이 좋다는 말을 들을 때, 가끔 발끈도 하다가 '어쩔 수 없지' 고개를 내젓기도 한다. 이곳은 분명 홍대나 강남, 이태원 등에 우후죽순 생겨나는 클럽 같은 곳은 아니니까. 모든 사람들을 만족시킬 수는 없지 않은가.

홍대나 강남 등지에 들어선 클럽들은 최신 트렌드를 뒤쫓는 각축장이 되었다. 한 면 이상을 차지하는 화려한 조명과 계속 바뀌는 인테리어, 매번 헐리고 새로 생겨나는 건물들….

처음 방문하는 손님들을 쭈뼛거리게 할 정도로 사람을 압도하는 공간을 두고 누군가는 그곳이 여기보다 더 낫다고 할지도 모르겠다. 그러나 나는 결코 그렇지 않다고 믿는다. 왜냐하면 거기엔 25년 이상 그곳을 찾는 단골손님들이 없기 때문이다. 언제나 젊은 사람들만 있다는 것은, 반대로 말하면 나이가 들면 그곳에서 쫓겨나야 한다는 뜻이다. 혹은 그 공간 자체가 10년, 20년 이상을 손님들과 함께할 수 있는 생명력이 없음을 반증하는 것일지도 모른다.

개장 이래 이곳의 외관은 거의 바뀌지 않았다. 오히려 일부러 같은 소재의 천을 찾아 소파를 덮는 등 늘 변함없어 보이도록 손질해왔다. 물론 하고 싶다면 금방 새로운 유행에 맞춘 공간으로 만들 수도 있다. 그러나 1년도 안 되어 사라져버리는 유행을 쫓는 인테리어로 20년, 아니 단 10년이라도 견딜 수 있을까.

새로운 문화는 짧은 시간에 소모되고 사라지는 그런 유행이 아닌 것이다. 굳이 그것을 쫓지 않더라도 새로운 테마 파티와 새로운 라이브밴드, 댄스 플로어, 음악으로 누구에게도 뒤지지 않는 새로움을 추구해왔다. 이곳은 지금도 늘 새로운 것에 눈을 반짝이는 젊은 사람들을 만족시키는 곳이다. 동시에 개장 이래 맺은 소중한 만남을 기억하는 곳이다.
　'클럽 25주년 즈음엔 이 책이 나오겠지.'
　그렇게 25년이 흘렀다. 100년이 1세기이니 적어도 1988년 우리를 찾아와준 손님과 4분의 1세기를 보낸 셈이다. 그 당시 손님들이 자식들을 데리고 종종 우리를 찾는다. 마치 아버지가 자식들의 손을 잡고 야구장에 같이 가는 것처럼.

이렇게 이야기를 하다 보니 언젠가 본 영화가 떠오른다. 〈벤자민 버튼의 시간은 거꾸로 간다〉라는 제목의 영화였는데, 한 사람의 일생을 거꾸로 연기하는 브래드 피트의 모습이 인상적이었다.
　영화는 다른 사람들의 시간과는 달리 거꾸로 나이를 먹는 한 남자가 한 여자를 만나 평생 동안 같은 세월을 살며 함께 사랑하고 늙어가고 싶어 하는 모습이 담겨 있다. 그러나 남자가 80세 노인에서 어린아이가 되기까지 슬프게도 사랑하는 여자와 겨우 단 한 순간만 같은 나이로 마주하게 된다.
　이곳만큼은 한 번 마주한 인연과 거꾸로 나이를 먹어가는 곳은 아니게 하고 싶다. 이곳은 아마 영원하지 않을지도 모른다. 그러나 처음 찾아주었던, 이제 50대가 된 손님이 적어도 70대에도 올 수 있고, 지금 찾아주는 20대 손님이 나중에 자녀와 함께 방문할 수 있는 공간이라면 그것으로도 충분히 보람되지 않을까. 그런 의미에서 이곳 클럽의 시간은 결코 거꾸로 가지 않는다.

미래의
호텔리어에게

익숙함.
우리는 가끔 익숙함에 박한 점수를 주곤 한다.

나는 아주 많은 약속을 했다.
그 약속을 지키려면 앞으로 50년은 더 이 호텔에 머물러야 할지 모른다.

로맨틱한 라이프 스타일을 제공하리라는
나의 꿈

1997년 우리나라에 IMF 위기가 닥쳤을 때 호텔은 큰 타격을 받았다. 환율은 반 토막 났고 경기는 바닥을 치는 중에 호텔 레스토랑은 너무나 잘되었기에, 급기야 이런 기사까지 나왔다.

"흥청망청한 H호텔의 '럭셔리 파티'는 외래문화의 선두 주자이다."

속으로 생각했다.
'이것은 아니다. 이런 때일수록 경제 효과를 생각해서 소비를 해야 순환이 되는 것을, 사람들은 단순히 하나만 알고 얘기하는 것이다.'
가난한 사람들에 대한 배려는 좋지만, 잘사는 사람들이 돈을 쓰게 하여 돈이 돌도록 해야 하는데, 이 부분을 일일이 설명할 수도 없고 답답할 노릇이었다.

약 3개월간 핼러윈 파티와 럭셔리 파티는 언론에 꽤 몰매를 맞았다. 하지만 그것을 법적으로 제제할 만한 방어막이 없었기에 언론의 뭇매는 계속되었다. 따가운 시선이 느껴지지 않았다면 거짓일 것이다. 오히려 뻔뻔하게 밀고 나가야 하는 입장에서 귀를 닫는 것 말고 다른 방법은 생각나지가 않았다.

시간은 그렇게 흘러갔다.

나도 감정 기복이 있고 감정을 추스르기 힘들 때가 많다. 이런 때는 제일 안정되었던 그리고 로맨틱했던 순간의 심리 상태를 떠올려본다. 감정을 내려놓고자 마음을 다잡아본다. 그래도 폭발할 때가 많지만.

팸플릿을 많이 만들다 보니 팸플릿들이 버려지는 이유가 읽을거리가 다양하지 않기 때문이라는 생각이 들었다. 그래서 그렇게 버려질 바에는 실생활과 밀접하고 친근한 라이프 스토리를 가미해보면 어떨까 하는 아이디어를 떠올렸다. 여가 생활이라는 면에서 보자면 호텔도 라이프 스타일의 큰 비중을 차지하며, 이것은 어쩌면 실생활과 동떨어지지 않은 한 줄기 끈이 될 수 있을 거란 기대감을 주었다.

팸플릿을 매거진으로 발전시키며, 나는 자연스레 스스로 로맨틱하고 긍정적인 라이프 스타일을 갖고자 했다. 나름의 원칙도 있었다.

'돈을 쫓아가지 말고 일을 즐기자.'

큰누나도 그랬다. 어떤 일을 하건 돈을 따르면 돈은 멀리 도망가니 스스로를 믿으라고 했다. 그렇다. 돈을 원했다면 나는 이 자리에 없었을 것이다.

요즘에는 천만 원 2천만 원 더 준다고 직장을 옮기는 것을 자신의 능력인 양 생각하는 사람들이 많다. 무엇을 위해 일을 하는지 판단하는 것이 더 중요한데, 돈을 보고 달리다 보면 분명 어느 순간 그것의 무용성을 깨닫게 된다. 돈은 그저 쓸 만큼 벌 수 있으면 되는 것이지, 그것이 목적이 된다면 사람을 오히려 망칠 수도 있다. 무엇보다 중요한 것은 자신이 즐기며 일할 수 있는 환경인 것이다.

지금도 나는 돈을 쫓기보다 내가 하고 싶은 일을 즐긴다. 돈을 더 준다는 제안은 분명 그만큼의 이유가 있다. 오라고 유혹하는 곳이 내게 얼마나 적합한지는 이모저모로 깊이 생각해볼 일이다.

어느 봄날 외출을 했다. 가까이 지내는 편집장님도 만날 겸 해서였다. 사회적으로 성공한 분이고 감각적이지 않으면 할 수 없는 일을 하고 있기에, 만날 때마다 내가 얻는 것들이 너무 많다.

"왔어요? 안 그래도 생각이 나던 차였는데…."
"이렇게 날씨 좋은 날, 내 생각을 왜 해?"
"있잖아, 내가 대학 때 친구들하고 거기 클럽에 자주 놀러 갔잖아요. 그때 거기 안 갔으면 어딜 갔을까? 다른 나이트의 분위기를 좋아했던 것도 아닌데 말이야."
"물 좋은 나이트라면 다른 데도 많았어."
"아냐, 난 거기 클럽에서 영감을 얻은 일이 많아. 혹시, 그때부터 모두 이렇게 될 거란 걸 알고 있었던 거 아니야?"
"내가 라이프 스타일을 제공하는 매거진의 편집장이 될 수 있었던 건 다 클럽이 있었기 때문이고, 사실 나도 거기에서 영감을 받아 일하고 있는 거거든."

말도 안 되는 논리에 나도 모르게 뿌듯해하며 고개를 끄덕인다. 아직도 그것의 결과는 진행 중이지만 10년 전, 20년 전 손님들이 내게 이런 추억 어린 이야기를 들려줄 때면 사람들에게 로맨틱한 감성을 불어넣어준 것 하나는 성공한 게 아닌가 싶다.

감성으로 이루어놓은 오아시스를 맛본 사람들이 전해주는 좋은 이야기들로, 내가 추구하는 라이프 스타일은 오늘도 차곡차곡 쌓여가고 있다. 이것을 한 번씩 볼 때면 삶이 저절로 즐거워지고 행복해진다. 그리고 행운이란 바로 이런 것임을 새삼 깨닫게 된다.

자연과 인간. 그 둘을 이어주는 것이 호텔이면 좋겠다.
내가 일하는 이곳은 그런 면에서 큰 축복이 있는 곳이다.

슬픔은 곳곳에 숨어 있다.
누군가의 어떤 공간도 그렇듯 호텔에도 슬픔은 있다.

일이 전부가 아니다

일과 가정, 둘 사이의 균형을 지키는 건 어렵고도 어려운 일이다. 화려함 속에서 속사정을 드러내지 못하는 직업이 세상엔 많겠지만, 호텔리어라는 직업은 더더욱 그러하다. 긴 업무 시간과 잦은 야근, 울어야 하는 상황에서도 웃어야 하는 감정 노동까지 어려움은 가중된다.

 피곤에 지쳐 집에 돌아오면 손 하나 까딱하기 힘들어 가족과 제대로 된 대화 한 마디 못 나누기 일쑤지만, 일이 삶의 전부가 되기 이전에 생각해봐야 할 것이 있다. 일은 언젠가 끝이 날 것이고, 우리는 결국 가정으로 돌아가야 하며, 또 가족이 우릴 늘 기다려주지는 않는다는 것.

 내가 그렇게 살지 못해 더욱 그런 생각이 드는지도 모르겠다. 후배들에게 늘 가정에 충실해야 일도 잘할 수 있다고 말해왔지만, 정작 나는 가족들이 다 모이는 명절에도 방에서 밀린 잠을 청할 때가 훨씬 더 많았다. 그것을 알고 있는 가족들은 항상 나를 배려한다.

"유회는 잠을 더 자야 하니까 내버려둬라."

그런데 때로는 그 배려가 비수가 될 수도 있다는 걸 예전엔 왜 몰랐을까. '내 삶에 일이 전부가 되어버린 것은 아닐까? 내가 가족들에게 너무 냉담해진 것은 아닐까?' 하는 회의와 자괴감이 든 날도 있었다.

1998년도 4월의 파티 날이었다. 웃으며 파티를 진행했던 그날이 특히 그러했다. 그날 큰누나는 서럽게 울며 작은누나가 세상을 떠났다는 말을 내게 전해 왔다. 큰누나의 첫 전화는 파티가 있던 오전 시간 즈음이었다.

"유회야…. 바쁘니?"

큰누나는 조심스럽게 말을 꺼냈다. 나중에 생각해보니 내 이름을 부르는 목소리가 유난히 떨리고 젖어 있었음에도, 내가 미련한 탓인지 이상한 느낌을 감지하지 못했다. 큰누나의 울음은 두 번째 통화에서 터졌다.

"유회야, 어쩌면 좋아. 작은누나가 저세상으로 갔다."

그 말이 어찌나 현실처럼 느껴지지 않던지, 내가 가장 먼저 했던 건 되묻는 일이었다.

"아니 왜요? 왜?"

'왜 나에겐 얘기 한 마디 안 해줬나' 하는 말을 하면서도 나는 이 믿을 수 없는 현실에 어이없어했다. 누나에게도 나 자신에게도. 나는 그때까지만 해도 작은누나에게 당뇨가 있다는 것과 때문에 종합병원 통원 치료를 받고 있다는 것 정도만 알고 있었다. 누구나 가지는 지병 정도로만 생각했던 것이다. 큰누나는 제대로 말을 잇지 못했고, 큰누나의 목소리엔 여운 섞인 떨림이 가득했다.

"너는 너무 바쁘고… 네게 말을 하면 뭐했겠니. 너한테 말한다고 해서 금방 나을 수 있는 것도 아니었는데."

순간 내 눈앞에 펼쳐진 실크 소재의 보랏빛 테이블 크로스가 스르르 힘없이 내려앉는 듯한 느낌이 들었다.

울음 사이 드문드문 이어지는 누나의 말들이 조각조각 파편처럼 내 심장으로 날아와 박히고 무언가 가슴에 차오르는 듯 끓더니 목이 꽉 메었다. 가족들은 내 일에 지장이 있을까, 또 막내가 알아봐야 걱정만 한다는 배려 어린 생각에서 나에게 이를 알리지 않았던 것이다.

작은누나는 하얀 병실에 일주일 정도 누워 있다가 그렇게 가버리고 말았다고 한다. 그 시각 이후부터 언제 무슨 일이 있었냐는 듯 장례식장엔 몇 시까지 올 수 있느냐는 가족들의 전화가 차례로 이어졌다. 지금 생각해보면 장례식장에 친정 식구들 모두가 들를 수 있는 시간대를 택해 일정을 맞추려고 그랬던 것인지도 모르겠다.

"오늘 큰 파티가 있어. 새벽 2시에 가면 안 될까?"

한편으로 이렇게 말할 수밖에 없는 내 입장은 아랑곳하지 않는 식구들의 괴리감 느껴지는 말에 가슴이 끓기도 했다.

"넌 아직도 매일 파티냐? 20년 넘게 놀고먹었으면 됐지, 앞으로도 그럴 셈이냐?"
"알았어요. 갈게요, 갈게."

초저녁 직원 식당은 이제 막 저녁이 준비되어지는 작은 소음들의 울림으로 가득했다. 홀로 우두커니 앉아 있는 내 눈가에 눈물이 여울져 맺히더니 곱게 날을 세운 내 양복바지 위에 한 방울 툭 떨어졌다.

지금 생각하면 모든 걸 버리고 갈 수도 있었다. 가는 게 뭐 어려운 일인가. 내가 없어도 파티는 진행될 테니. 그러나 어쩐지 그때는 왠지 그럴 수가 없었다. 억울함과 죄책감 그리고 미안함, 책임감에 머리가 어지러웠다.

'바쁜 사람이고, 또 막내라는 이유만으로 그동안 나는 집안의 걱정거리에서 밀려나야 했었나. 그래서 이렇게 아무것도 모른 채 작은누나의 죽음을 맞이해야 했나. 직원들에게는 가정이 편해야 일을 해도 편하다며 가족에게 잘하라고 거듭 말해왔으면서, 정작 나는 작은누나에게 제대로 된 안부 전화도 한 적이 있었던가.'

감정을 감추려 했으나 감출 수 없었을 것이다. 다만 분위기는 짐작했으리라. 뭔가 이상하다는 소문은 발 빠르게 돌았지만, 직원들에게 상황을 알릴 이유도 심적인 여유도 없었다. 개인 사정이기도 하거니와 직원들이 이 사실을 알면 금세 이곳은 초상집 분위기가 될 것이고, 그렇다면 손님들도 뭔가 이상하다 느낄 수 있을 터였다.

그런 마음을 뒤로하고 난 무대에서 웃었다. 그날 밤 남산은 마치 솜이불을 덮은 듯 벚꽃들이 고즈넉한 불빛들에 반사되어 눈이 시릴 정도로 희게 빛났다. 그날따라 호텔은 왜 그렇게 아름다웠는지. 한 폭의 그림 같은 풍경 속에서 문득 가족들을 잃고 난 뒤에도 무대에 올랐다는 연예인들의 고백이 생각났다. 그저 흘려 넘겼던 그 고백들이 그때 그 순간처럼 그렇게 마음속 깊이 와 닿은 적은 없었던 것 같다.

그러다가 결국 감정의 봇물이 터진 것은 퇴근 후 차를 운전하며 집까지 가는 길이었다. 유일하게 내가 나일 수 있는 공간에 있게 되니 눈물이 터진 것이다. 하도 울어대서 나중엔 눈물이 한 방울도 나오지 않았다.

'내 인생에 호텔이, 그리고 파티가 전부는 아닐 텐데. 결국엔 가정으로 돌아가야 하는데.'

별별 생각이 머릿속에서 뒤엉켰다. 화도 났지만 장례식장까지 가서 마치 내 감정의 쓰레기통을 뒤지듯 나에게 왜 알리지 않았느냐고 가족들에게 따질 수가 없었기에, 대신 허한 감정으로 나이 차도 얼마 나지 않는 조카들을 부둥켜안았다.

다음 날 새벽, 집으로 돌아와 잠시 소파에서 쪽잠을 자다가 여느 때처럼 출근을 했다. 그전에 핑계를 댔었던 것 같다. 모닝과 캄이 아파서 병원에 가야 할 것 같다고.

"잠 한숨 못 자고 나온 사람 같아."

누군가의 말이 허를 찔렀다. 집에 가서 잠깐 눈을 붙이고 오후에 장례식장에 갔으나 결국 발인까지 따라가지는 못했다. 피곤함은 뒤로하고서라도 그런 상황은 차마 볼 수가 없어서였다.

지금은 가족들이 어떤 심정에서 내게 그랬는지 어렴풋이나마 알게 되었다. 나에게 신경 써주고 배려해줬다는 것 또한. 그러나 그래도 사람이 어떻게 그렇게 소리 없이 허무하게 가는 것인지. 작은누나는 생각해보면 드러나지 않게 살다가 갔다. 작은누나는 늦둥이 막내에게 모든 것을 양보하는 것이 당연했던 사람이었다. 그렇다고 큰누나처럼 살갑게 대하며 지내지도 못했다. 내가 중학교 3학년이 될 무렵 종갓집 며느리로 시집을 간 후 얼굴도 보는 둥 마는 둥 하고 살아 둘이 마주앉아 제대로 밥 한술 뜬 적도 없다.

'이럴 줄 알았더라면, 밥이라도 한번 먹는 건데.'

4월의 파티가 돌아올 때면 나는 문득 이런 생각을 하게 된다.

'모든 게 늘 그 자리에 있는 게 절대 당연한 것이 아닌데. 바쁘다는 핑계 대지 않고 얼굴 맞대고 둘러앉아 사는 얘기 하면서 밥 한술 정도 함께하고 웃을 수도 있었을 텐데.'

서먹하고 어색한 변명 같지만….

누군가에게 사랑을 주었을 때.
그때가 가장 행복한 때다.

소수의 사람을
의미 있게 만나는 방법

대부분의 사람들은 사랑을 주는 방법을 잘 모른다. 사랑은 받아본 사람만이 줄 수 있기 때문이다. 사랑을 줘보면 받는 기쁨보다 주는 기쁨이 더 크다는 걸 알게 될 것이다.

 다른 사람과 교류를 하려면 자신을 드러낼 줄 알아야 한다. 드러내는 순간 사라질 것 같아 불안해서 자기 모습을 드러내기 꺼려진다면, 용기를 한번 내보면 불안감이 극복됨을 경험할 수 있다. 일을 하면서 나는 이런 방식으로 사랑을 준다.

오은정 대표의 소개로 패리스 힐튼이 한국에 온 적이 있었다. 그녀를 위한 소소한 것에부터 그녀의 감성을 터치해주고 싶었다. 그녀의 네임 이니셜을 올려 리본으로 밴딩해서 여자라면 누구나 좋아할 만한 '웰컴 과일' 딸기를 선물했다. 별다를 것 없는 것이었지만 그녀를 환영할 만한 인사로 충분했다.

그녀는 이렇게 전해 왔다.

"최고라고 하는 다른 호텔들도 가보았지만 여기가 최고예요. 여기에는 당신의 터치가 있습니다. 다른 곳은 비싼 샴페인은 있지만 알아서 저를 챙겨주지는 않아요. 저는 당신의 그 터치를 기억합니다."

미국의 호텔들을 보면 어떤 행사가 있을 때 구체적인 것까지 미리 협의하고 진행한다. 국가 원수가 온다거나 할 때에도 준비하고 갖춰야 할 것들이 잘 정리되어 있다. 시시때때로 변덕을 부리듯 즉흥적으로 진행하는 우리나라의 호텔들과는 다르다. 미국 호텔들은 움직임이 15분 단위로 계획되어 철저히 관리된다.

이러한 준비된 배려가 있으니, 고객들이 땡스 레터$^{Thanks\ Letter}$를 꼭 쓰게 되는 것은 당연하다. 이런 편지들은 주로 실무자가 가지고 있다. 백악관에서도 호텔 총지배인에게 땡스 레터를 보낸다. 우리나라에서는 상상할 수 없는 멋스러운 귀감이란 생각이 든다.

일을 하다 보면 땡스 레터뿐만 아니라 선물도 종종 받게 되는데, 그중 특히 기억에 남는 선물들이 있다. 내가 보인 사랑보다 더 값진 것이었다.

어느 날 《노블레스》 편집국장, 마케팅 국장과 이야기를 주고받고 있는데, 그분이 나에게 넌지시 물어봤다.

"애들이 몇 살이에요?"

그분은 모닝과 캄에게 관심을 가지고 밤새 베들링턴테리어에 대해 알아보다가 개에 대한 책을 구해 나에게 선물했다. 너무나 귀하고 값진 선물이었다.

또 다른 소중한 선물로는 유나이티드 에어라인의 한국 지사장 데이비드 럭의 배려다. 그는 내가 건강을 지킬 수 있도록 늘 신경을 써준다. 가족처럼 챙겨주다 못해 엄살 많은 내가 어디가 아프다고 하면 바로 병원을 예약해주고, 호텔 앞까지 차를 보내준다. 가끔 김치도 싸 준다.

이렇다 보니 그와는 손님과 호텔리어 관계가 아니라 오랜 친구이자 선후배 사이 같다. 미국에 아들을 두고와서 그런지, 나를 아들이라도 되는 양 살뜰히 챙겨준다.

얼마 전엔 서울에서 환갑을 맞은 그를 위해 즐겁게 축하를 해주었다. 너무 드러나면 불편해할 것 같아 드러나지 않도록 조심했다. 부인이 한국인이어서 그런지 그분은 한국 음식을 좋아한다. 그런 취향을 떠올려 보쌈과 미역국, 갈비찜 등을 차렸더니 너무나 좋아했다. 음식뿐 아니라 커다란 프레임에 생일 축하 멘트를 적는 등 작은 부분까지 신경을 많이 썼다.

호텔의 피트니스 회원이기도 한 이분은 필력이 뛰어나고 자상하다. 한국인 부인에게 매년 기념일마다 빠짐없이 이벤트를 해줄 정도다.

이런 사람들과 인연을 맺고 유지하려면 마음을 꺼내놓을 줄 알아야 한다. 마음을 꺼내놓지 않으면 상대방은 다가오지 않기 때문이다.

그런데 생각해보니, 마음을 꺼내놓는다는 일이 아리송하기도 하다. 마음을 꺼내놓는 가장 쉬운 방법은 인사일 것이다. 인사라는 게 쉬우면서 아주 중요하다. 인사 자체가 마케팅이 될 수도 있다.

"Hello, How are you."

이렇게 간단하게 시작하면 된다.

대부분의 사람들은 안으로는 개방적이지만 밖으로는 폐쇄적이다. 내면의 뜨거움과 외면의 냉정함 사이에서 왔다 갔다 해야 하기 때문이다. 그렇다 해도 교감 가능성 있는 사람을 만난다면, 그 사람 앞에서는 자신을 다 보일 수 있는 용기가 필요하다.

또한 인간관계는 '기브 앤드 테이크'로 유지된다는 걸 잊어선 안 된다. 눈앞에 있는 소소한 테이블 하나에도 신경 쓰다 보면, 자연스레 소수의 값진 사람들을 만날 수 있을 것이다.

자, 여기까지의 정보들에 자신만의 생각을 담길 바란다. 그리고 손님들과 하나가 되기 위한 나만의 마지막 방법은… 비밀이다.

자신이 하고 싶은 일을 하라.
인생이 단 한 번뿐임을 알라.

호텔리어를 꿈꾸는 후배들에게

앞만 보고 달려가던 20대, 이 길이 맞는지 확인하고 방황하던 30대, 그리고 경험의 축적으로 인정받고 신뢰받게 되어 훨씬 수월해진 40대, 또 지금의 나….

한우물을 파는 것이 너무나 바보 같은 짓이라고 말할 수도 있는 시대에 조금은 뒤떨어진 게 아닌가 싶기도 하지만, 내가 속한 이 우물 안엔 바다가 있고 냇물이 있으며, 못생긴 금붕어도 있고 비단잉어도 산다. 이 우물은 때론 깊고 때론 얕아서, 어떤 때는 손을 넣어 물고기들을 만져볼 수도 있고 어떤 때는 애니메이션 〈니모를 찾아서〉의 주인공 클라운피시처럼 아리따운 주홍빛 자태를 멀리서나마 보여주기도 한다. 이 작고도 큰 우물은 내 마음속에 머릿돌로 콕 박혀 있으나 너무나 신기하게도 한결같이 밖을 내다보라고 한다.

미래의
호텔리어에게

'이 안에 있되 넌 밖을 볼 수 있어야 해. 그것도 아주 넓고 멀리까지. 그러려면 절대 이 안에 들어와선 안 되겠지. 대신 내가 너의 마음에 들어가 있을게.'

우물을 파는 사람도 우물 안에 있는 사람도 되어서는 안 된다. 우물은 그저 자신의 마음속 머릿돌일 뿐이다.

무엇이든 크게 볼 줄 알고 마음에 새길 줄 알아야 한다. 작은 곳은 때로 큰 곳으로 탈바꿈할 수 있고, 큰 곳 또한 영원히 큰 곳일 수는 없다. 내가 가고 싶은 길이라는 생각이 들거든 적극적으로 두드려야 하고, 두드려서 자신이 원하는 곳에 들어갔다면 눈앞의 어려움을 극복해 이겨나갈 수 있어야 한다. 성공한 사람들 중 그 누구도 힘든 일들을 겪지 않은 사람은 없을 것이다. 고난은 자신을 수련하는 과정의 한 부분이다. 고난은 영원하지 않으며, 이겨내고 노력하는 사람에게 기회란 언제고 찾아오게 마련이다.

다른 직장에 비해 호텔은 스트레스를 해소할 수 있는 여건이 잘 되어 있다. 이곳에서 오래도록 일해오고 있는 나도 울적한 날이면 호텔 안을 한 바퀴 휘 돌아보는 것만으로 어느 정도 스트레스가 풀린다. 아름답게 선별된 곳곳의 인테리어, 눈이 휘둥그레지게 하는 미각 예술의 향연, 귀가 즐겁고 선율이 아름다운 음악… 호텔리어에게 축복이 아닐 수 없다.

즐기려 마음만 먹어도 즐길 수 있는 일은 결코 흔하지 않기에 호텔리어 그리고 호텔리어를 꿈꾸는 이라면 항상 자부심과 긍지를 잃지 말아야 할 것이다. 돈으로도 살 수 없는 멘토의 조언을 귀담아듣고, 자신의 감각적인 능력을 살리고, 개성을 표현하는 데 적극적이라면 분명 미래에 성공한 호텔리어가 될 수 있을 것이다.

심지를 가슴에 새기고 꺼뜨리지 않는 젊은이가 되길 바란다. 바람이 불면 자신의 옷깃을 세워 보듬을 줄 알고, 비가 오면 다른 사람을 위해서도 넓은 우산을 펼 수 있는 사람은 절대로 불을 꺼뜨리지 않는다. 소중한 것들을 지켜나가야 값진 결과를 얻어낼 수 있다. 그러기 위해서는 학습하고 실천하기를 주저하지 않아야 한다.

내 이야기를 경청하는 당신은 미래의 호텔리어이다. 미래의 호텔리어 당신은 젊은 날의 내 눈빛을 닮았다. 당신의 어깨가 든든하고 멋져 보인다.

JJ 마호니스 100배 즐기는 법

그랜드 하얏트 서울 (www.grandhyattseoul.co.kr)

JJ의 파티를 계획하는 분들에게 유용한 팁을 주자면 다음과 같다.

팁 하나. 까다롭지는 않으나 스타일 컨트롤이 있으니 유의할 것. 편안한 차림이 좋으며, 반바지나 청바지는 피할 것.

팁 둘. 2만 원에서 3만 5천 원이면 자유롭게 칵테일을 즐길 수 있다.

팁 셋. 여성 고객 중 레이디 회원들에겐 15~20퍼센트를 할인해준다. 연회비는 무료이니 가입해서 잘 활용하면 좋겠다.

팁 넷. 매주 일요일, 월요일, 화요일은 디스카운트.

팁 다섯. 가장 추천하는 파티는 스프링 파티.

팁 여섯. 밴드의 공연 시간을 확인해 관람하고, 지루해지면 춤추고, 그러다 답답해지면 밖으로 나가 수영장을 바라보면서 야외 가든에서 시원함을 만끽할 것.

JJ에서는 분위기만으로도 즐거움을 느낄 수 있다. 특히 유월의 분위기가 좋다. 녹음이 우거진 전경과 조명을 받아 눈부시게 물물이 반짝이는 풀장 그리고 숲은 청각과 시각을 한순간에 녹여낸다. 그래서 유월의 JJ에서 가슴 뛰는 자연스러운 만남이 많이 이루어진다. 이에 더하는 밴드의 음악. 여름밤 밴드의 음악은 사람들 사이를 가르고 내 몸의 솜털들을 울림을 감지하며 쭈뼛 서기를 반복하도록 만든다.

JJ에서는 여러 사람들과 자연스레 어울릴 수 있다. 오타쿠가 아닌 이상 JJ에 오면 어느새 음악과 함께 다른 손님들과 친구가 된다. 끼리끼리 얘기하다 술만 마시고 갈 작정이라면 촌스러워질 것을 각오하라.

처음이라 초보티를 내지 않으려면 정장보단 세미정장을 선택하고, 가능한 한 편안함을 추구하며 주말엔 진을 입어도 좋다. 가끔은 짐 맡기는 코첵 때문에 의상을 준비하는 분도 있지만, 의상은 어디까지나 개성이고 취향이기에 눈여겨보는 사람은 없다.

"JJ는 개방형 공간인 것 같아요. 클럽이라고 하면 매우 비좁고 사람들 북적이고 그런 막혀 있는 느낌인데 여기는 정말 달라요."

"JJ요? 오픈 클럽이죠. 뭐 룸이 따로 있는 건 아니니까. 룸살롱을 가는 것보다 이런 데서 사람들하고 어울리는 게 좋지 않나요?"

좌절도 거치면 좋은데 다행인지 불행인지 JJ는 그런 것이 없었다. 똑같은 장소에서 최장수 클럽으로 유지되는 곳은 전 세계에서 JJ 밖에 없다. 그래서 JJ의 오픈 날 6월 15일이 세계적인 토픽이 될 수 있는지도 모른다. 그동안 JJ에 1500만 명이 입장했다. 우리나라 인구의 3분의 1이 다녀갔으며, 1500만 명 중 20퍼센트가 외국인이다. JJ의 경쟁 클럽이 생겨 유행을 좇듯 그곳으로 외도하던 손님들도 있었으나 결국 JJ로 돌아왔다. 마치 고향으로 돌아가는 것처럼 말이다.

고향 같다 느낄 만도 한 것이 이곳의 곡선은 아치형이다. 각진 스타일이 아닌 아치형을 여기저기 반영하여 한국적인 분위기를 느끼게 해준다. 아름다운 한국의 사계절과 함께 한국적인 분위기를 서울 한복판에서 느낄 수 있다.

JJ에는 없지만 파티 팁 하나 더. 파티 초대장을 받았을 때 초대장에 'RSVP Please'가 쓰여 있으면, 초대받은 사람이 몇 명이나 올지 확인하기 위해 올지 안 올지 부디 답변을 바란다는 요청이니 답을 해주는 것이 예의이다.

Congratulatory Note on the Occasion of JJ Mahoney's 25th Anniversary

I would like to extend my congratulations and profound appreciation to Laurent Khoo, JJ Mahoney's and the Grand Hyatt Seoul for bringing 25 years of endless creativity and passion to life. I have been especially looking forward to this collection of essays by Mr. Khoo, reflecting back on an institution that has now taken its place as a cultural landmark of the city.

Throughout the years, Mr. Khoo has been a pioneer in anticipating, shaping and leading Korea's trends in the fields of entertainment and dining. His perpetual quest for perfection and indomitable spirit has helped anchor the hotel's reputation as one of the best in the world.

JJ's has been his personal canvas for the past 25 years, over which he has touched the lives of millions. For that we are forever grateful.

_ David. R. Ruch

Laurent Khoo is surely an important part of contemporary culture in South Korea.

His constant enthusiasm, positivism and hard work enhances many lives each day.

_ John Morford

Since its inception twenty-five years ago, Mr. Laurent Khoo has been the driving force behind JJ Mahoney's.

I should like to extend my sincere gratitude for his unwavering enthusiasm and enormous passion which has, without a doubt, greatly contributed to its continued success.

_ Peter Walshaw

제이제이 마호니스 25주년을 축하하며

로랑 구에게 축하와 더불어 깊은 감사를 보냅니다. 제이제이 마호니스와 그랜드 하얏트 서울은 지난 25년 동안 무한한 창조성과 삶에 대한 열정을 보여주었습니다. 지금은 서울의 문화적 랜드마크가 된 이곳의 역사를 되짚어보는 책이 출간된다는 이야기를 들었습니다. 저 역시 몹시 기다려 온 소식입니다.

    25년이라는 세월 동안 구는 한국의 엔터테인먼트와 연회 분야의 선구자로서 트렌드를 예측하고 설계하고 주도해왔습니다. 그의 부단히 완벽을 추구하는 불굴의 정신 덕분에 그랜드 하얏트 서울은 세계에서도 손꼽히는 호텔로 이름을 떨치게 되었습니다.

    구는 제이제이 마호니스를 캔버스 삼아 자신의 그림을 그려나갔고, 무수한 이들이 감동을 안고 이곳을 거쳐갔습니다. 우리는 영원히 그에게 감사할 것입니다.

_ 데이비드 럭

로랑 구는 오늘날 한국의 문화에 중요한 한 부분을 차지하는 인물입니다. 끊임없는 열정과 긍정으로 쉬지 않고 일하며, 날마다 우리의 삶을 향상시키고 있습니다.

_ 존 모포드

25년 전 제이제이 마호니스를 설립한 이래 로랑 구는 줄곧 이곳의 중심부에서 모든 일을 추진해왔습니다. 그의 지치지 않는 열정과 열의에 커다란 감사를 표하며, 앞으로도 계속해서 번창해나가리라 믿어 의심치 않습니다.

_ 피터 월쇼

호텔리어 로랑의 시선

구유회 ⓒ 2013

초판 1쇄 발행　2013년 6월 24일
초판 6쇄 발행　2018년 1월 19일

지은이 | 구유회
펴낸이 | 김영훈

원고 구성 | 이경연, 정선화
편집 | 이원숙
디자인 | 이원재

펴낸곳 | 안나푸르나
출판신고 | 2012년 5월 11일

주소 | 서울시 마포구 동교동 200-15 1층 101호
전화 | 02-3144-4872　　팩스 | 0504-849-5150
전자우편 | idealism@naver.com

ISBN　979-11-950547-0-1 (03810)

* 저자와의 협의로 인지는 붙이지 않습니다.
* 이 책은 저작권법에 따라 보호받는 저작물이므로 무단 전재와 복제를 금하며,
　이 책의 내용 전부 또는 일부를 이용하려면 반드시 저작권자와 안나푸르나의 서면 동의를 받아야 합니다.
* 유통 중에 파손된 책은 구입하신 서점에서 바꾸어 드리며, 책값은 뒤표지에 있습니다.